民航运输类专业"十三五"规划教材

空乘形体训练

刘科 庞荣 主编

国防工业出版社

·北京·

内 容 简 介

本教材根据空中乘务专业岗位对形象、形体的要求而编写。全书分四个模块，共十一个学习单元，从基础理论、基础训练、强化训练、答疑四个维度入手，内容由易至难，深入浅出地将形体"塑造"的过程展现在读者面前，为学生全面提高身体素质及形体美、仪态美提供了有效的参考依据。

本教材不仅可以作为高等院校、高职院校空中乘务等专业"形体训练"课程教材，也可供其他服务行业相关岗位参考使用及社会人士自学使用。

图书在版编目(CIP)数据

空乘形体训练／刘科,庞荣主编．—北京：国防工业出版社,2022.1 重印
民航运输类专业"十三五"规划教材
ISBN 978-7-118-11030-2

Ⅰ.①空… Ⅱ.①刘… ②庞… Ⅲ.①民用航空—乘务人员—形体—健身运动—教材 Ⅳ.①F560.9

中国版本图书馆 CIP 数据核字(2016)第 203926 号

※

*国防工业出版社*出版发行

(北京市海淀区紫竹院南路 23 号　邮政编码 100048)
三河市天利华印刷装订有限公司印刷
新华书店经售

*

开本 787×1092　1/16　印张 13¾　字数 267 千字
2022 年 1 月第 1 版第 2 次印刷　印数 8001—11000 册　定价 36.00 元

(本书如有印装错误，我社负责调换)

国防书店：(010)88540777　　发行邮购：(010)88540776
发行传真：(010)88540755　　发行业务：(010)88540717

空中乘务专业规划教材
建设委员会

主 任 委 员 刘小芹　陈玉华

副主任委员 （按姓氏笔画排序）

邓顺川　关云飞　李振兴　杨　征

杨涵涛　张同怀　林薇薇　洪致平

曹建林

委　　　员 （按姓氏笔画排序）

方凤玲　孔庆棠　刘　科　刘连勋

刘雪花　汤　黎　杨祖高　吴甜甜

何　梅　陈　卓　张为民　陈晓燕

武智慧　赵淑桐　冒耀祺　俞迎新

姜　兰　姚虹华　郭　沙　郭定芹

郭雅荫　谢　苏　路　荣　廖正非

总 策 划 江洪湖

《空乘形体训练》
编委会

主　编　刘　科　庞　荣
副主编　王艳红
参　编　刘　博　赵　艳　郭　婕　郭雅萌

前言

随着时代的发展与进步,人们生活水平的不断提高,追求形体美日益成为一种时尚,无论男女老少,都越来越关注自己的"形体美"。对于高校来说,"形体训练"作为素质教育的一部分,已成为空中乘务专业学生的必修课,也是管理、旅游等专业学生的选修课程之一。通过在"形体训练"课堂上的锻炼,使学生克服身体的自然体态,获得正确的直立感,提高自身协调性、灵活性、节奏感,训练学生所需的软度、力度、开度,明确良好形态在服务行业和服务工作中的重要作用,了解和掌握培养良好身体形态的基础知识和基本技能,全面提升学生的气质,陶冶美的情操,提高审美品位的素质,达到培养高素质人才的基本要求。

本教材具有以下特点:

(1) 教材内容贴近教学的要求,符合人才培养方案的要求;

(2) 顺应素质教育发展的趋势,注重知识性、科学性、可读性、前瞻性、实践性的原则;

(3) "易懂易用",内容安排上充分体现形体训练课程教学基本要求,教师可根据不同设备条件,灵活运用,同时也适合有一定基础的学生自学;

(4) 教材的总体结构按学生的认知规律和由浅入深的原则设置;

(5) 层次清楚,适用面广,理论联系实际,可操作性强;

(6) 图文并茂、内容丰富。

本教材由刘科、庞荣任主编,王艳红任副主编,刘博、赵艳、郭婕、郭雅萌参编。在本书编写过程中,得到了广州民航职业技术学院、武汉职业技术学院、三亚航空旅游职业学院、河南交通职业技术学院、南通科技职业学院、西安航空学院的大力支持与帮助,在此表示衷心感谢!

由于水平有限,时间仓促,在编写过程中难免存在着不足与错误,真诚地期待各位专家、教师、读者的批评指正。

刘科

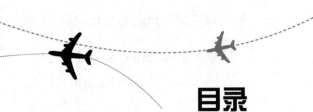

目录

模块一　基础理论

学习单元一　绪论 ··· 1

第一节　空乘形体训练的概念与原则 ·· 2
第二节　空乘形体训练的特点与作用 ·· 3
第三节　空乘形体训练的内容与要求 ·· 5

学习单元二　形体美的衡量标准 ··· 8

第一节　人体骨骼 ·· 8
第二节　肌肉 ·· 8
第三节　人体体型分类 ··· 10
第四节　人体比例 ··· 10
第五节　体型测试 ··· 10

模块二　基础训练

学习单元三　基本仪态训练 ·· 17

第一节　体态训练 ··· 17
第二节　表情训练 ··· 20

学习单元四　身体各部位的基本训练方法 ··· 22

第一节　颈、肩练习 ··· 22
第二节　手臂练习 ··· 25
第三节　躯干部力量与柔韧性的练习 ·· 35
第四节　腿、脚、髋部力量与柔韧性练习 ·· 46

| 学习单元五 | 放松与防护 | 63 |

第一节	身体各部位的放松练习	63
第二节	常见的运动损伤及防护	64
第三节	形体训练的注意事项	65

| 学习单元六 | 形体塑造与饮食 | 66 |

第一节	营养物质的相关知识	66
第二节	不同人群每天的能量需求	66
第三节	体型的塑造与饮食的相互关系	67

模块三　强化训练

| 学习单元七 | 芭蕾基训——强化气质 | 69 |

第一节	芭蕾基训的训练原理与作用	69
第二节	芭蕾基训的基本概念	70
第三节	芭蕾基训的内容设计	71
第四节	地面素质练习	72
第五节	扶把基础练习	93
第六节	把上组合练习	104
第七节	中间练习	124

| 学习单元八 | 纤体瑜伽——强化内涵 | 129 |

第一节	纤体瑜伽呼吸控制	130
第二节	纤体瑜伽基本功法	131
第三节	纤体瑜伽全身塑形（拜日式）	133
第四节	针对纠正身体不同部位问题的练习体式	137
第五节	纤体瑜伽与饮食	154

| 学习单元九 | 有氧健身操——强化力量 | 158 |

第一节	健美操运动的内容与特点	158
第二节	健美操的基本动作	159
第三节	健美操三套二级规定动作	166

学习单元十　体育舞蹈——强化团队意识 ·················· 182

　　第一节　华尔兹 ·················· 183
　　第二节　探戈 ·················· 188
　　第三节　狐步 ·················· 192
　　第四节　拉丁舞——恰恰 ·················· 196

模块四　答疑

学习单元十一　形体训练答疑 ·················· 204

　　第一节　关于体重 ·················· 204
　　第二节　常见问题 ·················· 204

参考文献 ·················· 207

模块一　基础理论

学习单元一
绪　论

学习目标

通过本单元学习,应该达到以下目标:

素质目标　通过本单元内容的学习,提高对形体训练的自我认知能力,树立塑造良好形体的信心。

知识目标　了解空乘专业的学生形体训练的基本知识、基本技术,掌握形体训练的科学依据。

能力目标　学会运用形体美的相关知识进行自我评价,能够有效制定训练任务。

形体训练,作为空乘专业的专业必修课程,是在空乘专业需要具备的基本素质要求的基础上结合现代应用美学的普及和广泛的健美需求下产生的。当今,形与美相结合已经成为人们的普遍追求,空乘院校更应顺应这种趋势,科学设置形体训练课程并逐步将其完善起来。

追求形体美是人类永恒的话题,当看到个人的形体处于不良体态甚至畸形状态时,总会有一种低沉、压抑、忧伤的感觉,即使对象是心灵美的化身,总抹不去情感上的一丝遗憾。当然,形体美不是一种简单的抽象物,要想把健康和美丽掌握在手中,就必须真正了解和掌握形体训练的相关知识,领会真谛,从而科学美体。

空乘专业的形体训练课程,是以科学的理论为指导,完善人的形体和形象的训练学科。它有着完整的知识体系和逻辑体系,是一门实训课程。在知识结构、训练程序和训练方法上又体现智、情、意、行的认知规律,而在教学艺术和进度上又能体现由浅入深、由易到难的教学规律。要学好这门课程就要遵循它的学习规律,以科学理论为指导,从自身的体能、生理、心理的实际出发,循序渐进地进行训练,持之以恒。

第一节　空乘形体训练的概念与原则

著名的美学家朱光潜先生说:"人体以它生动、柔和的线条与轮廓,有力的体魄与匀称的形态,滋润、光泽、透明的色彩,成为大自然中最完美的一部分,标志着我们这个星球上最高级生命的尊严。"

一、形体训练的概念

形体是一门艺术,是指人体结构的外在表现,它包括面目表情、动作姿态、礼仪形态。

形体训练,是以人体科学理论为基础,通过各种科学身体练习,运用专门的动作方式和方法,改变人的形体的原始状态、增强体质、塑造体型、训练仪态、陶冶情操为目的的有计划、有组织的形体素质基本练习。

形体训练可以采用各种形式的练习,如:芭蕾形体训练、瑜伽、有氧健身操、体育舞蹈等。在训练过程中可以采用不同的运动器械进行练习,如:把杆、哑铃、球类等,也可以采用各种健身器材。

二、空乘专业形体训练教学内容的制定原则

空乘专业的形体训练教学根据其专业特点而制定的有计划、有目的的教育与实践过程,其内容的制定应在反映形体训练教学客观规律的同时,根据空乘专业的人才培养方案及学生的实际情况,有计划地制定出有效可行的训练内容。

(一)注重思想素质教育

空乘专业的形体训练内容要适应教育改革和素质教育的要求。作为应用型人才,其工作的意义不光是服务于社会,同时要把形象美奉献给大众,还要把心灵美传授给大众。因此,在形体训练课程中,不光要接受形体上的塑造,还要接受爱国主义、集体主义等素质教育。课程要注重培养学生顽强的意志,较强的生存意识,克服困难的信心和能力、团队的协作能力等,要注意培养学生高雅文明的举止,使之成为有较高文化素质的人才。

(二)注重培养良好身体形态

确定形体训练内容时,要以培养学生良好形态为准则,以形体控制能力和表现能力为重点,对于形态控制效果好和具有实用意义的基本动作要在训练的各个阶段反复出现,逐步提高要求。对技术性较强的教学内容,要考虑训练本身的技术体系,使良好形态得到保持,对有利于发展形体素质的内容要坚持不懈地在每节训练课中出现。要求学生在课后的日常生活中保持良好的行为姿态,这是形体美的具体表现。

(三)注重以人为本的科学针对性训练

不同年龄阶段,训练的内容也有所不同。青春期和青年期是人生身心发展调整

的关键时期,在形体训练内容层次上要符合学生的心理和生理发展规律,要与学生身体素质、形体控制能力要求相适应。

每个人进步的速度是不一样的,同样的训练强度,身体形态的变化都是不一样的,重要的是自己与自己比较,配合老师选择有针对性的训练项目。

(四)注重循序渐进确保健康

参加形体训练必须有恰当的生理和心理负荷量。训练的效果很大程度上取决于对运动的刺激,太强的刺激不但不能增强体质、塑造体形,还会损害健康,过弱的刺激无法引起机体功能的变化,因此在采用多种多样的教学手段和方法进行训练,避免内容的单调、枯燥的同时,要合理安排运动负荷,强调个体的形态特征、心肺功能的耐久性、柔韧性、肌肉的强度和耐久性,有效地塑造体型。

小知识

多喝冰冻饮料容易引起内脏脂肪堆积

多喝冰冻饮料容易引起内脏器官脂肪堆积。胃部位于腹腔内,当冰冻饮料进入胃部,导致胃部温度下降,这种降温过程会透过胃壁,向四周形成"冷辐射",对其他内脏器官形成冷侵袭。如果经常处于温度较低的环境中,人体会代偿性地增加脂肪含量,抵御来自胃部的冷侵袭,因此使内脏器官脂肪堆积增加,造成脂肪肝等疾病。

第二节　空乘形体训练的特点与作用

一、形体训练的特点

(一)广泛的群众性和针对性

形体训练内容丰富,多种多样。不论性别与职业,根据练习者不同年龄、性别、爱好,都可以参加改善身体某部位需要的各种形式的形体训练。它不仅能够使机体新陈代谢旺盛,各器官系统功能得以改善,同时也能针对性地选择身体的局部或整体肌肉有重点地进行训练,以达到改善身体某部位的不足,使体形匀称、优美。

(二)内容和方法的多样性

形体训练简单易学,易于普及,训练形式多样,可根据不同年龄、要求、身体条件,选择不同的练习内容和方法,有针对性地进行练习。每个动作的设计和成套动作的编排,都严格按照人体的解剖部位和练习者的水平,选择不同的方法,有目的地设计和安排。

(三)灵活性和艺术性

形体训练大多是徒手或者把杆练习,不受场地、器材、时间的限制。可以是集体也可以是个人,可以是统一规定的时间内,也可以是分散练习,只要练习者有计划地坚持科学训练,就能达到目的。

音乐是形体训练的灵魂。它是进行形体训练必不可少的组成部分。音乐能够丰富练习者的想象力和表现力,激发练习者的热情,使人在训练中更加愉快、忘我。练习者可以根据不同音乐风格,选择和创编出不同风格和形式的形体动作,使形体训练更富有感染力,逐步培养练习者的良好气质。

二、形体训练的作用

对于空中乘务专业的学生来说,形体训练课程的开设有着非常重要的意义。

(一)改善学生的形体和提高学生身体素质

空中乘务员的工作内容包括安全演示、餐食服务、开关机舱门、搬抬饮料、照顾身体不方便的乘客等,这些工作都属于半体力活,需要乘务员具有一定的身体素质。另外,乘务员在飞国际航班时,往往会因为"时差"问题而休息不好,这也需要她们拥有强健的体魄去适应。而形体训练对学生的形体和身体素质的提高具有很好促进作用。通过学习,学生在力量、柔韧性、控制力、协调性、灵活性与平衡能力等方面都可以得到很好的锻炼。可以克服学生在自然形态时形成的各种不良体态,掌握正确的身体形态,可以提高学生的肢体柔韧度,形成对身体各部分肌肉的紧张、松弛的控制能力和各关节的柔韧力量,还可以培养学生的音乐感和伴随着音乐灵活、自如地运用手、眼、身、步完成各种动作的技能。

学生在舞蹈学习、训练的过程中,肢体各方面及力量、速度、耐力等受到了锻炼,这种锻炼对改善学生的形体、促进学生身体的健康发育都大有益处。

(二)磨练学生吃苦耐劳的品质和心理素质

作为空中乘务员,需要有坚强的心理素质和吃苦耐劳的品质。学习形体训练是一个非常辛苦、磨练意志的过程,须知台上一分钟,台下十年功。由于学生都已成年,骨骼已经发育成型,没有从小接受过系统的训练,腰腿较"硬",必须从基本功抓起。在进行基本功训练时,我们通常会由简至难,由浅至深,慢与快、静与动、柔与刚相结合去进行训练,这是一个漫长、枯燥的学习过程,需要长期的反复练习,没有任何捷径可走。因此,学习形体训练的过程就是培养学生吃苦耐劳的品质,磨练坚强意志的过程。这种过程的体验,会使学生品味到成功的喜悦,明白一分耕耘、一分收获,只有付出才会有回报的道理,从而对她们养成吃苦耐劳的职业素质起到很好的促进作用。

(三)能够帮助学生提高个人涵养和服务态度

对于空中乘务人员,处理好与每个乘客的关系,为乘客提供优质服务,需要空中乘务员有很好的个人涵养,这种个人涵养的培养不但需要她们自身拥有宽容的心态,还需要她们长期工作经验的积累。形体训练的教育是一种美育教育,可以提高学生对艺术的感知能力,审美能力和鉴赏能力,它不仅是一种娱乐,它还是表现人的诸多复杂思想感情的意识形态的艺术,使学生在学习、欣赏和体验的过程中潜移默化地接受艺术的熏陶,这种美的体验将逐渐渗透到学生的心底,感染她们的思想,净化她们的心灵。而美好的心灵将会促进学生乐观性格和阳光心态的形成。

形体训练的学习给人以美的享受,让她们在实践中体会其中的魅力,逐步学会在旋律中释放压力,放松身心,为将来走上工作岗位后能够克服压力,调整心态,以饱满的热情投入空中乘务工作打下良好的心理基础。同时,学生经过一段时间的形体训练后,与她们原来相比较,身材更挺拔、曲线更玲珑了,举手投足间都能表现出一种优雅,这个过程使学生体验到舞蹈的美是可以亲自感受甚至可以溶入其中的。而懂得舞蹈美的人在任何地方她们的姿态都体现着美,这种美感会使学生对自己的形体美、仪态美充满自信。而自信将给学生将来的职业选择、生活态度带来很大的益处。

(四)能够提升学生的团队精神和协作能力

为乘客提供服务,需要一个团队分工协作、共同配合才能完成整个服务流程。空中乘务员团队直接面对乘客,她们每个人的外表形象、言谈举止、服务态度和服务技能都代表了航空公司的形象,个人的失误,既会影响整个团队的服务质量,也会影响航空公司的品牌。

在形体训练教学过程中,要求学生自觉注意其队形是否整齐,动作是否一致,以此让学生逐渐形成自觉遵守规则、协同合作的观念。这种方式可以使学生在潜移默化中培养团队精神,提高合作能力和集体荣誉感。通过形体训练的学习,可以使部分学生逐步积累团队管理经验,为她们将来工作和成长都是有利的。

(五)有利于培养完美的个性,创造美好的个人整体形象

个性是指区别于他人的一种特殊性,是经过长期培养而形成的一种相对稳定的特征。

在当今飞速发展的社会,对人才综合素质的要求越来越高,人们对空乘这个岗位服务的标准也有了更高标准的要求,要使自己适应社会需要,在激烈的人才竞争中得到认可,除了具备扎实的专业知识和技能外,还需要提高自我综合价值。按照自然美的形态与发展规律,通过多种手段训练个体造型轮廓和内在气质,展示每个人独有的外在形象和内在气质。

第三节　空乘形体训练的内容与要求

一、形体训练的内容

形体训练的训练内容分为理论学习部分与实操训练部分,这其中,以实操训练为主。实操又分为基础练习与强化练习两大部分。

(一)基础练习

基础练习又分为基本姿态练习、形体基本素质的练习、基本步法的练习等。

1. 基本姿态练习

基本姿态主要是指人的坐、立、行、卧,是人体日常活动的基本形式,它能够反映

出一个人的精神面貌和体态美的特征。身体形态所显示的端庄、挺拔、高雅,能给人赏心悦目的美感,但是,若光有好的体型,不注意自己的基本姿势,仍然不会给人以美感。一个人的姿态具有很强的可塑性,不良的体态可以通过一定的形体训练得以纠正。

2. 形体基本素质练习

形体素质练习是形体训练内容的重要部分,是形体美的基础表现形式,包括对人体的肩、胸、腰、腹、腿等部位的训练,以提高人体的支撑力、柔韧性、耐久性。有效改善关节的灵活性,使人体的肌肉得到全面发展。形体素质基础训练内容较多,要从易到难,循序渐进,不能超负荷,以免发生损伤。

3. 基本步伐练习

基本步伐包括跑、跳、走及各种舞步,培养练习者的协调能力和节奏感。

(二)强化练习

强化练习是指在有一定的基础的情况下,通过不同的教学内容与形式开展多样化的教学手段,在内容上可以采取以下一种或多种训练体系进行训练:

1. 芭蕾基训

通过芭蕾基训练习,强化气质的训练,内容包括地面练习、把杆练习、中间练习等几个环节。

2. 纤体瑜伽

通过纤体瑜伽呼吸的控制、身体平衡能力、协调性的训练,达到强化内涵的目的。

3. 有氧健身操

有氧健身操的训练主要是通过各种技术、技巧的练习来加强力量的训练。

二、形体训练的要求

提前15分钟进入"形体训练室",主动热身并且练习上节课的学习内容,上课后,全身心地投入到课堂学习中,忘掉其他事情,专注地开始新课的学习。

(一)服装要求

在形体训练的课堂中,应着统一颜色和款式、方便运动的形体训练服装及鞋,例如:

(1)上身:女生着紧身的连体体操服;男生着样式简单、无繁杂花纹、图案,衣服上无口袋、装饰物,方便运动,排汗后无异味的无领、短袖或无袖、纯色棉质的T恤。

(2)下身:女生可着专门用于训练的肉粉色连裤袜或黑色有弹性的形体训练裤;男生着黑色、有弹性、无口袋、无装饰物、无任何花纹的长裤。

(3)鞋子:统一颜色的芭蕾软底鞋。

(二)发型要求

除了服饰上有一定的要求,对形体训练课程中发型也有着严格的要求:

（1）女生：发型应简洁清爽，将长发盘于脑后，保持两鬓光洁，髻底部边缘不得低于耳根处，不可留刘海，不必佩带任何发饰。

（2）男生：头发的整体造型干净利落、清爽大方，无异物、无异味，勤清洗、修剪和梳理，无蓬乱的感觉，发型梳理成型后要固定，不得有散发或碎发。不涂抹过多的头油和发胶。

（三）其他要求

不可佩戴任何饰品、饰物。为了教学的连续性，无特殊情况，中间不预留休息时间，训练前后注意饮食。

【学习小结】

通过本单元的学习，应重点掌握以下的学习内容：

1. 基本步伐训练，站、走、坐、蹲在生活中的运用。
2. 支撑力、柔韧性、耐久性、灵活性对身体的影响。
3. 常见的基本姿态练习。
4. 了解多样化的教学内容。
5. 了解形体训练对服装、发型的要求。

【自我检测】

1. 能展示站、走、坐、蹲的标准体态。
2. 坚持 20 分钟身体素质训练，包含支撑力 5 分钟、柔韧性 5 分钟、耐久性 5 分钟、灵活性 5 分钟。
3. 尝试开展形体展示活动。

学习单元二
形体美的衡量标准

学习目标

通过本单元学习,应该达到以下目标:

素质目标 通过本单元内容的学习,掌握空乘人员的基本体态。

知识目标 了解人体骨骼及肌肉的构成及在形体训练中的运用原理。

能力目标 通过本单元的学习,了解人体比例的分类,能对自己的身体进行测试。

第一节 人体骨骼

一、骨骼的定义

骨骼在人体中起着支撑身体的重要作用,是人体运动功能的核心部分。成人有206块骨。骨与骨之间一般用关节和韧带连接起来。除6块听小骨属于感觉器外,按部位可分为颅骨23块,躯干骨51块,四肢骨126块(图2-1)。

二、骨骼的功用

支持、保护、运动、造血〈红骨髓〉、储存脂质〈黄骨髓〉及矿物质。

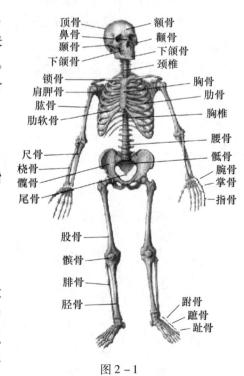

图2-1

第二节 肌 肉

肌肉主要由肌肉组织构成。肌细胞的形状细长,呈纤维状,故肌细胞通常称为肌纤维。中医理论中,肌肉是身体肌肉组织和皮下脂肪组织的总称。脾主肌肉,肌肉的营养从脾的运化水谷精微而得。在形体训练中了解肌肉分布,理解能量守恒、肌肉用进废退理论,运用于指导动作中能起到事半功倍的效果(图2-2)。

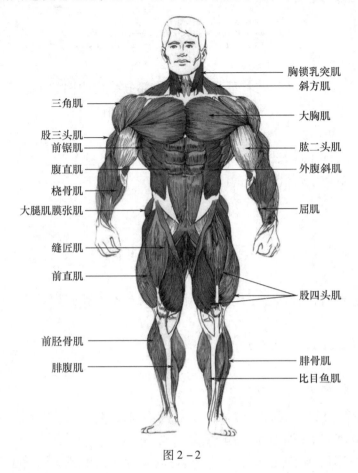

图2-2

一、能量守恒

能量既不会凭空产生,也不会凭空消失,它只能从一种形式转化为其他形式,或者从一个物体转移到另一个物体,在转化或转移的过程中,能量的总量不变。

二、肌肉用进废退理论

肌肉的大小,也就是肌细胞的体积大小(肌细胞的数目是不变的)是根据外界对肌肉的刺激大小而决定的。刺激越大,比如健身,运动,相应的肌肉部位就会对刺激产生一种"机体对抗"也就是增大肌细胞的体积来提高肌肉的强度从而来平衡这种刺激,当然因个体(基因)而异,每个人肌细胞的体积都有一个增长极限。用进废退是人体机能必须以做功相平衡规律的另一种说法,也是人体能够适应环境变化的内在原因。需要注意的是,用进废退之用要适度(即必须保持在适宜的超平衡做功状态),才能使相应的部位和机能长进。如果用进废退之用过度(即进行过大的超平衡做功),则会造成局部细胞过度疲劳、损伤。由此,不但不会用进,而且还会用退,会导致机体损伤性消耗,甚至是有生命危险。

第三节　人体体型分类

人体体型是反映人体形态特征和各个组成部分结构比例的标志。它通过各种有关的身体检测指标及其指数来对人体体型进行描述和评定。

人体体型分为三类:
(1) 无力型:体型瘦长,腹上角小于90°。
(2) 超力型:体型矮胖,腹上角大于90°。
(3) 正力型:体型匀称,腹上角等于90°。

第四节　人体比例

人体的完美身材比例是:上半身/下半身 = 0.618 以肚脐为界线,如果是女生,最完美的三围比例应该是:3∶2∶3

胸围 = 身高(厘米) × 0.535
腰围 = 身高(厘米) × 0.365
臀围 = 身高(厘米) × 0.565

实际计算得出的指数与标准指数 ±3 厘米均属标准。小于 5 厘米,说明过于苗条(偏瘦);大于 5 厘米,说明过于丰满(偏胖)。

一般女性三围的比例是:胸围约等于臀围,腰围比胸围或臀围约小 23 厘米。

第五节　体型测试

目前几种国际流行的体型测试方法有体重指数、标准体重、腰臀比例。

一、体重指数

体重指数(Body Mass Index) = $[体重(千克)/身高(米)]^2$
中国人的 BMI 在 20~23 算是比较标准。

二、标准体重

标准体重(千克) = [身高(厘米) - 100] × 0.9]
为了促进学生体质健康发展,激励学生积极进行身体锻炼,国家体育总局于 2002 年 7 月 4 日颁发了《国家学生体质健康标准(试行方案)》,对于大学生标准体重等级评分做了一个统一的规定,见表 2 - 1 和表 2 - 2。

表2-1 女子标准体重对照表

(单位:千克)

年龄/岁 \ 身高/厘米	152	156	160	162	164	166	168	170	172	176
19	46	47	49	50	51	52	54	56	57	60
21	46	47	49	50	51	52	54	56	57	60
23	46	47	49	50	51	52	54	56	57	60
25	46	48	49	50	51	53	55	56	57	61
27	47	48	50	51	52	53	55	56	58	61
29	47	49	51	52	53	54	56	58	59	62
31	48	49	51	52	53	54	56	58	59	62
33	48	50	51	52	53	55	57	58	59	63
35	49	50	52	52	53	55	57	59	60	63
37	49	51	53	53	54	56	59	60	61	64
39	50	52	53	53	55	57	59	60	61	65
41	51	52	54	54	55	57	59	61	62	65
43	51	53	55	55	56	58	60	62	63	66
45	52	53	55	55	57	58	60	62	63	66
47	52	53	57	57	57	58	60	62	63	67
49	52	53	56	56	57	59	60	62	63	67
51	52	54	56	56	57	59	61	62	63	67
53	53	54	56	56	58	59	61	62	64	67
55	53	54	56	57	58	60	61	63	64	67
57	53	55	56	57	58	60	61	63	64	68
59	53	55	56	57	58	60	61	63	64	68
61	53	54	56	56	57	59	61	63	64	67
63	52	54	55	56	57	59	61	62	63	67
65	52	54	55	56	57	59	61	62	63	66
67	52	54	55	56	57	59	61	62	63	66
69	52	54	55	56	57	59	61	62	63	66

表2-2 男子标准体重对照表

(单位:千克)

年龄/岁 \ 身高/厘米	152	156	160	164	168	172	176	180	184	188
19	50	52	52	54	56	58	61	64	67	70
21	51	53	54	55	57	60	62	65	69	72
23	52	53	55	56	58	60	63	66	70	73
25	52	54	55	57	59	61	63	67	71	74

(续)

年龄/岁 \ 身高/厘米	152	156	160	164	168	172	176	180	184	188
27	52	54	55	57	59	61	64	67	71	74
29	53	55	56	57	59	61	64	67	71	74
31	53	55	56	58	60	62	65	68	72	75
33	54	56	57	58	60	63	65	68	72	75
35	54	56	57	59	61	63	66	69	73	76
37	55	56	58	59	61	63	66	69	73	76
39	55	57	58	60	61	64	66	70	74	77
41	55	57	58	60	62	64	67	70	74	77
43	56	57	58	60	62	64	67	70	74	77
45	56	57	59	60	62	64	67	70	74	77
47	56	58	59	61	63	65	67	71	75	78
49	56	58	59	61	63	65	68	71	75	78
51	57	58	59	61	63	65	68	71	75	78
53	57	58	59	61	63	65	68	71	75	78
55	56	58	59	61	63	65	68	71	75	78
57	56	57	59	60	62	65	67	70	74	77
59	56	57	58	60	62	64	67	70	74	77
61	56	57	58	60	62	64	67	70	74	77
63	56	57	58	60	62	64	67	70	74	77
65	56	57	58	60	62	64	67	70	74	77
67	56	57	58	60	62	64	67	70	74	77
69	56	57	58	60	62	64	67	70	74	77

三、腰臀比例

腰臀比例＝腰围/臀围（男性标准比例是 0.85～0.9，女性是 0.75～8）

四、部分航空公司身高、体重要求

目前，各个航空公司在招聘乘务员或安全员时，会将身高（部分航空公司对于体重并没有做硬性的要求）、体重作为一个参考值，下面是根据近年各航空公司官网招聘信息所整理的数据。

1. 中国国际航空股份有限公司

1）身高（厘米）

女：163～173；男：173～185。

2）体重（千克）

女：[身高（厘米）－110]×90%～[身高（厘米）－110]；

男：[身高（厘米）－105]×90%～[身高（厘米）－105]。

2. 中国南方航空股份有限公司（体重无明确要求）

身高（厘米）

女：163～175；男：175～185。

3. 中国东方航空股份有限公司（体重无明确要求）

身高（厘米）

女：163～175；男：175～185。

4. 深圳航空有限责任公司

1）身高（厘米）

女：162～172（净高）；男：173～185（净高）。

2）体重（千克）

[身高（厘米）－110]±10%。

5. 海南航空股份有限公司

1）身高（厘米）

女：165（含）～175（含）；男：173（含）～184（含）。

2）体重（千克）

女：[身高（厘米）－110]×90%～[身高（厘米）－110]；

男：[身高（厘米）－105]×90%～[身高（厘米）－105]。

6. 厦门航空有限公司

1）身高（厘米）

女：在163～175之间；男：172～184之间。

2）体重（千克）

女：[身高（厘米）－110（厘米）]（1±10%）；

男：[身高（厘米）－105（厘米）]（1±10%）。

7. 北京首都航空有限公司

1）身高（厘米）

女：165（含）～175（含）；男：173（含）～185（含）。

2）体重（千克）

女：[身高（厘米）－110]×90%－[身高（厘米）－110]；

男：[身高（厘米）－105]×90%－[身高（厘米）－105]。

8. 昆明航空有限公司

1）身高（厘米）

女：165～173；男：175～185。

2）体重（千克）

（身高厘米－110）±10%。

9. 上海春秋航空公司

1)身高(厘米)

女:162(含)~172;男:172(含)~184。

2)体重(千克)

女:[身高(厘米)-110(厘米)]的±10%;

男:[身高(厘米)-110(厘米)]的±10%。

10. 天津航空有限责任公司

1)身高(厘米)

女:165~175;男:173~185。

2)体重(千克)

女:[身高(厘米)-110]×90%~[身高(厘米)-110]。

男:[身高(厘米)-105]×90%~[身高(厘米)-105]。

11. 深圳东海航空有限公司

1)身高(厘米)

女:168~173;男:178~186。

2)体重(千克)

女:45~58;男:65~75。

12. 乌鲁木齐航空(体重无明确要求)

身高(厘米)

女:165(含)~175(含);男:173(含)~185(含)。

13. 福州航空有限责任公司

1)身高(厘米)

女:165(含)~175(含),条件优秀者可放宽至163;

男:173(含)~184(含)。

2)体重(千克)

女:[身高(厘米)-110]×90%~[身高(厘米)-110];

男:[身高(厘米)-105]×90%~[身高(厘米)-105]。

14. 云南祥鹏航空有限责任公司(体重无明确要求)

身高(厘米)

女:165~175;男:173~185。

15. 青岛航空股份有限公司

1)身高(厘米)

女:165~172(净身高);男:174~182(净身高)。

2)体重(千克)

[身高(厘米)-110](±10%)。

16. 成都航空有限公司(体重无明确要求)

身高(厘米)

女:164～172;男:174～184。

17. 西藏航空有限公司

1) 身高(厘米)

女:164～172;男:175～185。

2) 体重(千克)

[身高(厘米)-110]±10%。

18. 上海吉祥航空股份有限公司

1) 身高(厘米)

女:164～172;男:174～182。

2) 体重(千克)

女:[身高(厘米)-115](1-10%)～[身高(厘米)-115](1+5%)

男:[身高(厘米)-105](1-10%)～[身高(厘米)-105](1+10%)

19. 云南红土航空股份有限公司

1) 身高(厘米)

女:165～175;男:175～185。

2) 体重(千克)

[身高(厘米)-110]±10%。

20. 中国联合航空有限公司(体重无明确要求)

身高(厘米)

女:163～174(或踮足而立时手指需触及212);男:173～185。

21. 奥凯航空有限公司

1) 身高(厘米)

女:163～172;男:173～185。

2) 体重(千克)

[身高(厘米)-110]×90%～[身高(厘米)-110]×110%。

22. 新加坡航空有限公司(体重无明确要求)

身高(厘米)

女:不低于158;踮足双手摸高至207。

【学习小结】

通过本章的学习,应重点掌握以下的学习内容:

(1) 人体骨骼肌肉的分布。

(2) 能量守恒、肌肉用进废退理论在形体中的运用。

(3) 体态训练。

（4）自我检测身体比例及分类。

（5）正确认识形体美的衡量标准。

【自我检测】

（1）合理分配学习内容。

（2）定期测量体重与身材比例。

（3）请根据自身的身材比例制定学习计划。

模块二　基础训练

学习单元三
基本仪态训练

> **学习目标**

通过本单元学习,应该达到以下目标:

素质目标　通过对练习者的身体姿态、表情等进行科学、系统的训练,改变练习者的不良体态及习惯,逐步形成职业化的行为标准。

知识目标　了解职业化的基本仪态的要求、要领,熟练掌握各体态训练、表情练习的具体方法。

能力目标　通过科学的训练,了解自身体态及表情运用的不足,将各种职业化仪态及表情熟练且灵活的运用于实际工作与生活中。

第一节　体态训练

一、身体姿态

空乘人员的身体基本姿态包括立、坐、行、蹲等。

1. 站姿(图3-1)

站立是人们生活交往中的一种最基本的举止,是空乘人员的基本体态之一。优美而典雅的站立姿态,是优雅举止的基础。女士应秀雅优美,亭亭玉立。男士要求"站如松",刚毅洒脱。

标准的站姿要求是:

(1) 头部中正,眼睛平视,嘴唇微闭,下颌微收,表情平和自然。

(2) 肩膀放松,微微下沉,感觉头部向上牵引。

(3) 身体直立,提胸腔向上,腹部微收,立直脊柱。

(4) 两手自然放松或放置小腹前。

(5) 双腿立直、并拢。男士可将双腿分开,两脚间距与肩同宽。

(6) 脚跟相靠,身体重心落于两脚正中。女生脚尖并拢或两脚前后摆放呈"丁字",男生两脚尖张开约60度。

图3-1

2. 坐姿

坐姿是仪态练习的重要内容之一。坐姿讲究"坐如钟",挺胸收腹,让人觉得端正、舒适、安详、舒展大方。以下是几种规范坐姿:

(1) 女士坐姿(图3-2)。双腿并拢,上体挺直,坐正,两脚略向前伸,右手上左手下交叠。

(2) 女士坐姿(图3-3)。坐正,上身挺直,双腿上下叠放并且并拢,上方的脚尖下压,双腿向左或侧向右倾斜,双手叠放,置于腿上。这种坐姿给人以高贵、典雅的美感。

图3-2　　　　　　　　　　　图3-3

（3）男士坐姿（图3-4、图3-5）。
双腿略分开，两手分别放在双膝上。

图3-4

图3-5

3. 行姿（图3-6）

行姿也称为走姿，即在保持站立时正确、优美的姿态的基础上，躯体移动正直、平稳，不僵硬又不呆板，两臂自然下垂或前握手位，摆动协调，膝盖正对前方，脚尖略微向外侧，落地时脚跟着地过渡到脚掌，两脚后跟几乎在一条直线上，两腿交替前移的弯曲程度不要太大，步伐稳健均匀。

图3-6

4. 蹲姿

日常生活中在拾起落在地上的东西时或拿取低处的物品，不妨使用屈膝和下蹲的动作，这样可以避免撅起臀部和弯曲上身。尤其是着裙装的女士下蹲时，应避免走光，蹲的过程中，两手自腰部向下整理衣裙，蹲下时，一只手轻轻护住领口处。

规范蹲姿：

（1）高低式蹲姿：如图3-7、图3-8所示，左脚在前，右脚稍后。例如：左脚应完全着地，小腿基本上垂直于地面；右脚则应脚掌着地，脚跟提起，臀部至头顶笔直向上。

（2）交叉式蹲姿：一脚在前，一脚在后，右（左）小腿垂直于地面，全脚着地右腿在上，左（右）腿在下，二者交叉重叠；左（右）脚跟抬起两脚前后靠近，相互支撑身体；上身略向前倾，背部直立。

图3-7

图3-8

第二节　表情训练

微笑是人类最基本的面部动作。空乘人员的职员微笑，是行业精神文明的体现，是缩短人与人之间心灵距离的有效途径，是赢得乘客信任从而增进公司效益的一种附带条件。训练微笑的方法如下。

一、一度微笑

一度微笑是指浅浅的笑，训练时，将嘴角两端同时往上提，让嘴唇有拉上去的紧张感，保持10秒之后，恢复原有的状态并放松。

二、二度微笑

二度微笑是一种中度的微笑,训练时,将嘴角两端同时往上提。让嘴唇有拉上去的紧张感。露出上牙 6 颗左右,同时眼角向上扬。保持 10 秒后,恢复原来的状态并放松。

三、三度微笑

三度微笑较二度微笑而言,成度略深,是一种发自内心的、真诚的笑容。训练时,收紧唇部肌肉,一边把嘴角两端同时往上提,露出 8 颗左右的上牙,同时调动笑肌,使整个面部表情看起来自然、和谐,在这样的状态下,保持 10 秒后,恢复原来的状态并放松。

【学习小结】

通过本章的学习,应重点掌握以下的学习内容:
(1) 基本的站、立、行等基本体态。
(2) 矫正不良体态。
(3) 不同场合微笑的度的把握。
(4) 眼神的正确运用。

【自我测试】

(1) 不同方式的站、立、行等体态。
(2) 正确的微笑与眼神运用。

学习单元四
身体各部位的基本训练方法

学习目标

通过本单元学习,应该达到以下目标:

素质目标 通过对练习者身体形态进行系统、专门的训练,改变练习者身体形态的原始状态,逐步形成正确、规范、富有美感的身体姿态,提高练习者形体动作的优美性与灵活性。

知识目标 了解和掌握身体各部位基本训练的基本知识、基本技术,掌握形体基本姿态训练的基本原理和方法,塑形效果的自我评价,用科学的理论知识指导实践。

能力目标 通过身体各部位的基本训练,使练习者身体各部位的力量、柔韧、协调等主要素质得到全面提高;塑造美的形体;掌握专项训练原理;能够制定训练计划,进行自我纠正与修塑的能力。

第一节 颈、肩练习

一、头颈部位练习

颈部的训练对人体基本形态及姿态完整性有重要影响。颈部形态训练有助于提高颈部肌肉弹性和灵活性,有效去除多余脂肪,使颈部与整体匀称,提高人体动作艺术性的表现力。

1. 练习一(图4-1)

(1) 准备姿势:直立,两手叉腰,双脚呈八字站立。

(2) 音乐:2/4,中速。

(3) 动作方法:4×8拍。

① 第1×8拍。

1~4拍:低头向前,下颌用力向下。

5~8拍:还原。

② 第2×8拍。

1~4拍:头向后屈。

5~8拍:还原。

③ 第3×8拍。

1~4拍:头向左侧屈,耳朵向肩部靠拢。

5~8拍:还原。

④ 第4×8拍。

1~4拍:头向右侧屈,耳朵向肩部靠拢。

5~8拍:还原。

(4) 动作要求:头向各个方向屈时,先将颈部尽量拉长;前后屈时,肩部固定,屈、伸到位,使颈部肌肉得到充分伸展。

图4-1

2. 练习二(图4-2)

(1) 准备姿势:直立,两手叉腰,双脚呈八字站立。

(2) 音乐:2/4 中速。

(3) 动作方法:4×8拍。

① 第1×8拍。

1~4拍:低头向前。

5~8拍:头向右侧屈。

② 第2×8拍。

1~4拍:头向后屈。

5~8拍:头向左侧屈。

③ 第3×8拍。

1~4拍:低头向前。

5~8拍:头向左侧屈。

④ 第4×8拍。

1~4拍:头向后屈。

5~8拍:头向右侧屈。

(4) 动作要求:头颈向各方向转动时,头颈自然放松,立直脊柱,肩下沉,动作舒缓。

图 4-2

二、肩部练习

肩关节是手臂和躯干运动的枢纽,圆形肌肉环抱着肩关节,形成肩膀的柔和曲线。合理的肩部训练,能够增强肩部的柔韧性,打开肩部韧带,促进胸部和骨骼的活动,训练肩关节的灵活性,掌握肩的空间位置,是端正仪表、表现优美动作的关键,同时还能够修正高低肩、耸肩等不良身体姿态,预防肩周炎。

1. 练习一(图4-3)

(1) 准备姿势:直立,双手双臂自然垂于体侧,两腿分开,两脚距离同胯宽。

(2) 音乐:2/4,中速。

(3) 动作方法:4×8拍。

① 第1×8拍。

1~4拍:含胸,双肩经前向上旋绕。

5~8拍:双肩向后旋绕。

② 第2×8拍。

1~4拍:双肩经后向上旋绕。

5~8拍:双肩向前旋绕。

③ 第3×8拍同第1×8拍。

④ 第4×8拍同第2×8拍。

(4) 动作要求:肩部旋绕要充分,头颈保持不动。

图 4-3

2. 练习二(图4-4)

(1) 准备姿势:直立,双手双臂自然垂于体侧,两腿分开,两脚距离同胯宽。

(2) 音乐:2/4,中速。

(3) 动作方法:4×8拍。

① 第1×8拍。

1~4拍:右肩经前向上绕转,

5~8拍:右肩向后绕转。

② 第2×8拍。

1~4拍:右肩经后向上绕转,

5~8拍:右肩向前绕转。

③ 第3×8拍同第1×8拍,换成左肩做。

④ 第4×8拍同第2×8拍,换成左肩做。

(4) 动作要求:绕转充分、到位。换成左肩做。

图4-4

第二节 手臂练习

在日常生活中,人们通过上肢来完成工作和表达情感,而上肢动作又是通过手型的变化以及肘关节的屈伸来实现的。加强手臂训练,能够增强上肢肌肉的力量,减少手臂的多余脂肪,使体态动作更加轻盈、敏捷。

1. 练习一(图4-5)

(1) 准备姿势:直立,双腿及脚后跟并拢,脚尖分开呈60°,双手双臂自然垂直于体侧。

(2) 音乐:2/4,中速。

(3) 动作方法:4×8拍。

① 第1×8拍。

1~4拍:右臂经前向上绕转。

5~8拍:右臂经上向后绕转。

② 第2×8拍。

1~4拍:右臂经后向上绕转。

5~8拍:右臂向前、向下绕转至体侧。

③ 第3×8拍同第1×8拍,换成左臂做。

④ 第4×8拍同第2×8拍,换成右臂做。

(4)动作要求:绕转充分、到位;单肩绕转时,对侧肩尽量保持不动。

图4-5

2. 练习二(图4-6)

(1)准备姿势:分腿挺胸站立,单臂肩上屈。

(2)音乐:2/4,中速。

(3)动作方法:4×8拍。

① 第1×8拍。

1~4拍:右臂经前向上绕转。

5~8拍:右臂向后绕转。

② 第2×8拍。

1~4拍:右臂经后向上绕转。

5~8拍:右臂向前绕转。

③ 第3×8拍同第1×8拍,换成左臂做。

④ 第4×8拍同第2×8拍,换成右臂做。

(4)动作要求:上体保持正直,肩部绕环充分。

图4-6

3. 练习三(图4-7)

(1)准备姿势:分腿站立。

(2)音乐:2/4,中速。

（3）动作方法：4×8拍。

① 第1×8拍。

1~8拍：两臂胸前平举，直臂经上向后绕环一周至体侧。

② 第2×8拍。

1~8拍：两臂直臂经上向前绕环一周至体侧。

③ 第3×8拍同第1×8拍。

④ 第4×8拍同第2×8拍。

（4）动作要求：上体保持正直，肩部绕环要充分。

图4-7

4. 练习四（图4-8）

（1）准备姿势：分腿站立，两臂肩上屈。

（2）音乐：2/4，中速。

（3）动作方法：4×8拍。

① 第1×8拍。

1~8拍：两臂屈臂，经前向上、向后绕环。

② 第2×8拍。

1~8拍：两臂屈臂，经上向前绕环。

③ 第3×8拍同第1×8拍。

④ 第4×8拍同第2×8拍。

（4）动作要求：上体保持正直，肩部绕环充分、到位。

图4-8

5. 练习五(图4-9)

(1) 准备姿势:分腿站立,两臂侧平举,掌心向上。

(2) 音乐:2/4,中速。

(3) 动作方法:4×8拍。

① 第1×8拍。

1~4拍:两臂伸直内旋一周至掌心翻转向上。

5~8拍:两臂伸直外旋一周至掌心翻转向上,还原。

② 第2×8拍同第1×8拍。

1~4拍:两臂内旋同时上体前屈,两臂绕至掌心向上。

5~8拍:两臂外旋同时上体还原成直立,两臂绕至掌心向上。

③ 第3×8拍同第1×8拍。

④ 第4×8拍同第2×8拍。

(4) 动作要求:旋转时肩关节收紧,上体挺直,旋转幅度要尽可能大。

图4-9

6. 练习六(图4-10)

(1) 准备姿势:直立,两臂侧平举。

(2) 音乐:2/4,中速。

(3) 动作方法:4×8拍。

① 第1×8拍。

1~8拍:左臂胸前平举,右臂后举,左臂经上向后绕环成后举,同时右臂经下向前绕环成胸前平举。

② 第2×8拍。

1~8拍:同第1×8拍的相反动作。

③ 第3×8拍同第1×8拍。

④ 第4×8拍同第2×8拍。

(4) 动作要求:绕环时,以肩关节为轴做最大幅度的绕转。

图 4-10

7. 练习七(图4-11)

(1) 准备姿势:直立,两臂自然下垂。

(2) 音乐:2/4,中速。

(3) 动作方法:4×8拍。

① 第1×8拍。

1~4拍:右臂胸前平举,掌心向下,左臂侧平举,掌心向下,两臂同时向右摆动至左臂向前平举,掌心向下,右臂侧平举,掌心向下。

5~8拍:同1-4拍,方向相反。

② 第2×8拍同第1×8拍。

③ 第3×8拍。

1~4拍:右腿向前跨出一步,屈右膝,左臂向前摆动,同时右臂向头上摆动。

5~8拍:还原。

④ 第4×8拍同第3×8拍。

(4) 动作要求:手臂动作要柔和,摆动充分。

图 4-11

8. 练习八(图 4-12)

(1) 准备姿势:直立,两臂自然下垂,两腿分开,两脚距离与肩同宽。

(2) 音乐:2/4,中速。

(3) 动作方法:4×8 拍。

① 第 1×8 拍。

1~8 拍:两臂经上向右摆动绕环一周。

② 第 2×8 拍同第 1×8 拍,方向相反。

③ 第 3×8 拍同第 1×8 拍。

④ 第 4×8 拍同第 2×8 拍。

(4) 动作要求:手臂与头的动作协调配合。

图 4-12

9. 练习九(图 4-13)

(1) 准备姿势:分腿屈膝站立,两臂撑在大腿上。

(2) 音乐:2/4,中速。

(3) 动作方法:4×8 拍。

① 第 1×8 拍。

1~4 拍:右肩向内扣,同时上体前压。

5~8 拍:相反动作

② 第 2×8 拍同第 1×8 拍,方向相反。

③ 第 3×8 拍同第 1×8 拍。

④ 第 4×8 拍同第 2×8 拍。

(4) 动作要求:分腿距离要大,两脚尖外展,挺胸、抬头。

图 4-13

10. 练习十(图4-14)

(1) 准备姿势:两腿并拢直立,两臂自然下垂,两脚尖分开60°。

(2) 音乐:2/4,中速。

(3) 动作方法:4×8拍。

① 第1×8拍。

1~2拍:两臂胸前交叉,掌心向下。

3~4拍:两臂打开摆至侧平举振肩。

5~8拍:同1~4拍。

② 第2×8拍。

1~2拍:两臂摆至头上交叉,掌心向前。

3~4拍:两臂向侧打开,摆至侧平举振肩。

5~8拍:同1~4拍。

③ 第3×8拍。

1~2拍:两臂经下向前摆至腹前交叉,掌心向后。

3~4拍:两臂摆至侧平举振肩。

5~8拍:同1~4拍。

④ 第4×8拍同第1×8拍。

(4) 动作要求:手臂伸直,交叉振肩时动作要充分、有力。

图4-14

11. 练习十一(图4-15)

(1) 准备姿势:分腿站立,两手体后交叉互握,手臂伸直。

(2) 音乐:2/4,中速。

(3) 动作方法:4×8拍。

① 第1×8拍。

1~4拍:两肩向后展开,两臂伸直上举。

5~8拍:还原。

② 第2×8拍同第1×8拍。

③ 第3×8拍。

1~8拍:身体前屈,同时两臂伸直上举,两臂做节拍性振动。

④ 第4×8拍。

1~4拍:保持3×8拍动作。

5~8拍:还原。

(4) 动作要求:身体挺直、抬头,肩胛骨靠拢,使肩关节韧带充分拉伸。

图 4-15

12. 练习十二(图4-16)

(1) 准备姿势:分腿站立,两手臂后伸。

(2) 音乐:2/4,中速。

(3) 动作方法:4×8拍。

① 第1×8拍。

1~4拍:屈膝成半蹲,两脚尖外展,两臂在体后交叉互握。

5~8拍:重心过渡到右脚,左脚向前点地,两肩向后展胸。

图 4-16

② 第 2×8 拍。

1~4 拍:身体向右转,沉肩。

5~8 拍:拍还原。

③ 第 3×8 拍同第 1×8 拍,方向相反。

④ 第 4×8 拍同第 2×8 拍,方向相反。

(4) 动作要求:身体挺直,沉肩、展胸。

13. 练习十三(图 4-17)

(1) 准备姿势:跪坐,两手臂向前伸直。

(2) 音乐:2/4,中速。

(3) 动作方法:4×8 拍。

① 第 1×8 拍。

1~4 拍:身体向前移动,挺胸、抬头。

5~8 拍:手臂向两侧打开,掌心向上。

② 第 2×8 拍。

1~4 拍:头转向右。

5~8 拍:头转向左。

③ 第 3×8 拍。

1~4 拍:身体继续向前移动至两手撑地,身体撑起,抬头。

5~8 拍:保持。

图 4-17

④ 第4×8拍。

1~4拍:两手用力撑地,膝盖离地,手臂向后推压,两腿伸直,脚跟着地。

5~8拍:保持。

(4) 动作要求:动作和缓、有力。

14. 练习十四(图4-18)

(1) 准备姿势:背对把杆站立,两手体后交叉互握,两臂伸直。

(2) 音乐:2/4,中速。

(3) 动作方法:4×8拍。

① 第1×8拍。

1~4拍:屈膝下蹲。

5~8拍:保持。

② 第2×8拍。

1~4拍:保持。

5~8拍 还原。

③ 第3×8拍同第1×8拍。

④ 第4×8拍同第2×8拍。

(4) 动作要求:下蹲时手臂伸直,肩胛骨靠拢。

图4-18

15. 练习十五(图4-19)

(1) 准备姿势:正对把杆站立,两手腕搭在把杆上,两手距离与肩同宽。

(2) 音乐:2/4,中速。

(3) 动作方法:4×8拍。

① 第1×8拍。

1~8拍:身体向下做屈体震颤。

② 第2×8拍。

1~8拍:同1×8拍。

③ 第3×8拍。

1~8拍:左臂还原到体侧,做右臂单臂震颤下压。

④ 第4×8拍同第3×8拍,换成左臂单臂震颤下压。

(4) 动作要求:两腿伸直,充分震颤下压。

图 4-19

16. 练习十六(图 4-20)

(1) 准备姿势:背对把杆站立,两手反握把杆,两手距离与肩同宽。

(2) 音乐:2/4,中速。

(3) 动作方法:4×8拍。

① 第1×8拍。

1~4拍:胸腹向前用力挺胸展腹,仰头,两臂伸直拉肩。

5~8拍:保持。

② 第2×8拍。

1~4拍:脚跟离地,进一步向前上方挺胸展腹,拉肩。

5~8拍:还原。

③ 第3×8拍同第1×8拍。

④ 第4×8拍同第2×8拍。

(4) 动作要求:两臂伸直,充分拉伸肩部。

图 4-20

第三节 躯干部力量与柔韧性的练习

躯干是身体的主体,其关键部位是腰,它是身体上、下肢连接的枢纽,是躯干中最为灵活的部位。身体的各种曲线美及胸、臀等所产生的富有艺术魅力的体态都是运用腰部动作来体现的。科学的躯干训练能够使腰背柔软、挺拔,减掉腹部赘肉,塑造人体的优美曲线,培养高雅的气质,纠正身体的不良姿态。

1. 练习一(图4-21)

(1) 准备姿势:跪撑在垫子上,手臂和大腿与地面垂直,收腹。

(2) 音乐:2/4,中速。

(3) 动作方法:4×8拍。

① 第1×8拍。

1~4拍:吸气抬头,挺胸,背部下沉。

5~8拍:呼气低头,背部拱起。

② 第2×8拍~第4×8拍同第1×8拍。

(4) 动作要求:动作要充分,注意呼吸的协调配合。

图4-21

2. 练习二(图4-22)

(1) 准备姿势:跪坐在垫子上,手臂上举。

(2) 音乐:2/4,中速。

(3) 动作方法:4×8拍。

① 第1×8拍。

1~8拍:仰头向后屈体,两臂随之向后伸,触摸脚踝。

② 第2×8拍。

1~4拍:身体还原,跪坐在两脚踝上,手臂上举。

5~8拍:臀部下压脚踝,两手收回到身体两侧,收腹、立腰。

③ 第3×8拍。

1~4拍:挑腰起,身体还原,分腿坐。

5~8拍:仰卧,手臂放在身体两侧地面,掌心向上。

④ 第4×8拍。

1~4拍:吸气,挺胸展腹,腰、肩、背离地,头顶着地,两手臂向头上方伸展。

5~8拍:两手撑地,身体还原成跪坐。

(4) 动作要求:跪坐时上体稍后仰,脚面绷直,臀部下压。

图 4-22

3. 练习三(图 4-23)

(1) 准备姿势:挺胸站立,两臂胸前平伸。

(2) 音乐:2/4,中速。

(3) 动作方法:4×8 拍。

① 第 1×8 拍。

1 拍:两手十指交叉。

2 拍:两手交叉外翻。

3~6 拍:两臂伸直向前伸展,后背外张。

7~8 拍:还原。

图 4-23

② 第 2×8 拍~第 4×8 拍同第 1×8 拍。

(4) 动作要求:身体保持正直,均匀呼吸。

4. 练习四(图 4-24)

(1) 准备姿势:分腿站立,两臂侧平举。

(2) 音乐:2/4,中速。

(3) 动作方法:6×8 拍。

① 第 1×8 拍。

1~4 拍:身体向右扭转,同时左手屈臂摆至右肩,展胸、抬头。

5~8 拍:还原。

② 第 2×8 拍。

1~4 拍:上体向右侧屈,右臂摆至腹前,左臂侧屈。

5~8 拍:还原。

③ 第 3×8 拍。

1~8 拍:同第 1×8 拍,方向相反。

④ 第 4×8 拍同第 2×8 拍,方向相反。

⑤ 第 5×8 拍。

1~4 拍:上体前屈,两臂后举。

5~8 拍:保持。

⑥ 第 6×8 拍。

1~4 拍:上体向左扭转,右臂摆至左脚,左臂后举。

5~8 拍:同 1~4 拍,方向相反。

(4) 动作要求:上体做最大限度的躯体和扭转。

图 4-24

5. 练习五(图4-25)

(1) 准备姿势:分腿站立,手臂自然下垂。

(2) 音乐:2/4,中速。

(3) 动作方法:4×8拍。

① 第1×8拍。

1~4拍:双臂抡臂至左臂体前斜上举,右臂体后斜下举。

5~8拍:直腿体前屈,两臂穿过胯下后举。

② 第2×8拍。

1~4拍:抡臂至左臂体前斜上举,右臂体后斜下举。

5~8拍:体后屈,仰头,左臂上举,右臂下举。

③ 第3×8拍同第1×8拍,方向相反。

④ 第4×8拍同第2×8拍,方向相反。

(4) 动作要求:体后屈时尽量抬头,下后腰,展腹。

图4-25

6. 练习六(图4-26)

(1) 准备姿势:俯卧,两臂向前伸直。

(2) 音乐:2/4,中速。

(3) 动作方法:6×8拍。

① 第1×8拍。

1~2拍:右手直臂上摆,同时左腿直腿向上摆起,抬头。

3~4拍:还原。

5~8拍:同1~4拍。

② 第2×8拍同第1×8拍,方向相反。

③ 第3×8拍。

1~2拍:手臂和双脚同时向上摆起。

3~4拍:还原。

5~8拍:同1~4拍。

④ 第4×8拍同第3×8拍。

⑤ 第5×8拍。

1~2拍:手臂和双脚同时向上摆起,仰头,展胸,腹部做支撑。

5~8拍:控制。

⑥ 第6×8拍。

1~6拍:控制。

7~8拍:还原成俯卧。

(4) 动作要求:绷脚尖,后踢腿时挺胸、抬头,腰背肌用力,上身尽量后屈。

图4-26

7. 练习七(图4-27)

(1) 准备姿势:跪趴,坐在脚踝上,胸部贴近大腿,两手臂向前伸直。

(2) 音乐:2/4,中速。

(3) 动作方法:4×8拍。

① 第1×8拍。

1~4拍:屈臂,前臂撑地,身体向前钻。

5~8拍:两手撑地,腹部着地,上体后屈,向后仰头。

② 第2×8拍。

1~6拍:控制。

7~8拍:身体还原成俯卧,两臂向前伸直。

③ 第3×8拍。

1~4拍:手臂和大腿同时离地,仰头,上身后屈,两手抓住脚踝。

5~8拍:控制。

④ 第4×8拍。

1~6拍:控制。

7~8拍:还原成俯卧。

(4) 动作要求:腰背肌用力,上身尽量后屈,仰头,展胸。

40

图 4-27

8. 练习八(图 4-28)

(1) 准备姿势:两腿交叉坐,收腹、立腰,两臂侧屈,手臂放在肩上。

(2) 音乐:2/4,中速。

(3) 动作方法:4×8 拍。

① 第 1×8 拍。

1~4 拍:上体向左转,头不动。

5~8 拍:还原。

② 第 2×8 拍同第 1×8 拍,方向相反。

③ 第 3×8 拍同第 1×8 拍。

④ 第 4×8 拍同第 2×8 拍。

(4) 动作要求:腰部充分扭转,臀部不要离地。

图 4-28

9. 练习九(图4-29)

(1) 准备姿势:跪立,两手臂上举。

(2) 音乐:2/4,中速。

(3) 动作方法:5×8拍。

① 第1×8拍。

1~4拍:右脚向斜前方伸展,同时上体前屈向右扭转,左手臂前下,右手臂后上举。

5~8拍:控制。

② 第2×8拍。

1~4拍:控制。

5~8拍:还原成跪立,手臂上举。

③ 第3×8拍同第1×8拍,换成反方向做。

④ 第4×8拍同第2×8拍,方向相反。

⑤ 第5×8拍。

1~4拍:左腿向斜后方伸展,脚尖点地,同时右手撑在右小腿外侧地面,挺身后屈,左臂上举,转头向上看左手。

5~8拍:控制。

⑥ 第6×8拍。

1~4拍:控制。

5~8拍:还原成跪立,手臂自然下垂。

⑦ 第7×8拍。

同5×8拍,方向相反。

⑧ 第8×8拍。

同6×8拍,方向相反。

(4) 动作要求:用胸腰带动上体完成扭转动作。

图4-29

10. 练习十(图4-30)

(1) 准备姿势:坐在地面上,两腿向前伸直,两手撑于体后地面。

(2)音乐:2/4,中速。

(3)动作方法:4×8拍。

① 第1×8拍。

1~4拍:屈膝,两腿收回,重心落在臀部和两手之间。

5~8拍:收腹,两腿伸直上举45°,同时两臂前举。

② 第2×8拍。

1~8拍:控制。

③ 第3×8拍。

1~8拍:控制。

④ 第4×8拍。

1~4拍:控制。

5~8拍:还原成准备姿势。

(4)动作要求:臀部支撑,腰背肌用力,腹部控制。

图4-30

11. 练习十一(图4-31)

(1)准备姿势:坐在地面,两腿向前伸直,两手撑于体后地面。

(2)音乐:2/4,中速。

(3)动作方法:4×8拍。

① 第1×8拍。

1~2拍:屈右膝右脚收回,右脚落于左膝外侧地面,左臂放在右膝外侧。

3~4拍:身体向右后方扭转,头向右后转。

5~8拍:控制。

② 第2×8拍。

1~4拍:控制。

5~8拍:还原成准备姿势。

③ 第3×8拍同第1×8拍,换成方向做。

④ 第4×8拍同第2×8拍,方向相反。

(4) 动作要求:收腹,腰部充分扭转。

图4-31

12. 练习十二(图4-32)

(1) 准备姿势:背对把杆适当距离站立,手臂上举,掌心向前。

(2) 音乐:2/4,中速。

(3) 动作方法:4×8拍。

① 第1×8拍。

1~4拍:上体后屈下腰,挺胸、展腹,两手反握把杆。

5~8拍:还原。

② 第2×8拍。

1~2拍:上体后屈下腰,挺胸、展腹,两手反握把杆。

3~4拍:还原。

③ 第3×8拍同第2×8拍。

④ 第4×8拍。

1拍:上体后屈下腰,挺胸、展腹,两手反握把杆。

图4-32

2拍:还原。

3拍、5拍、7拍同1拍;4拍、6拍、8拍同2拍。

(4) 动作要求:上体后屈时臀部放松。

13. 练习十三(图4-33)

(1) 准备姿势:正对把杆站立,两手扶把杆。

(2) 音乐:2/4,中速。

(3) 动作方法:2×8拍。

① 第1×8拍。

1~2拍:上体后屈下腰。

5~6拍:控制。

7~8拍:还原。

② 第2×8拍同第1×8拍。

(4) 动作要求:挺胸、展腹。练习2-4组。

图4-33

14. 练习十四(图4-34)

(1) 准备姿势:坐在把杆上,身体向内。

(2) 音乐:2/4,中速。

(3) 动作方法:4×8拍。

① 第1×8拍。

1~4拍:挺胸、展腹,向后甩腰,两手抓把杆,两腿稍分开,两脚贴在墙上。

5~8拍:还原。

② 第2×8拍。

1~2拍:挺胸、展腹,向后甩腰,两手抓把杆,两腿稍分开,两脚贴在墙上。

3~4拍:还原。

5~8拍:同1~4拍。

③ 第3×8拍。

1~2拍:两手臂上举,挺胸、展腹向后甩腰,两手臂举向地面,两腿稍分开,两脚贴在墙上。

3~4拍:还原。

5~8拍:同1~4拍。

④ 第4×8拍同第3×8拍。

(4) 动作要求:甩腰时挺胸展腹,两腿稍分开,脚背贴在墙面。开始练习时分组,单数同学练习,双数同学保护,最后听从按口令同时练习。

图4-34

第四节　腿、脚、髋部力量与柔韧性练习

一、腿部力量与柔韧性练习

1. 练习一(图4-35)

(1) 准备姿势:并腿站立,两手叉腰。

(2) 动作方法:分腿站立、分腿提踵站立、屈腿、吸腿。

(3) 动作要求:提踵要充分。

图4-35

2. 练习二(图4-36)

(1) 准备姿势:并腿站立,双手叉腰。

(2) 动作方法:

① 主力腿站立,动力腿伸直向前举腿。

② 主力腿成弓步站立,动力腿向后伸展点地。

(3) 动作要求:重心要稳,有意识地控制腿部肌肉力量,挺胸立腰。

图 4-36

3. 练习三(图 4-37)

(1) 准备姿势:分腿屈膝站立,两手撑在大腿上。
(2) 动作方法:两腿屈膝分腿站立,膝关节外展,提踵,两手撑在大腿上。
(3) 动作要求:分腿距离要大,提踵时两腿有力控制,使身体保持正直。

图 4-37

4. 练习四(图 4-38)

(1) 准备姿势:身体前屈,两手撑地,两腿并拢伸直。
(2) 动作方法:4×8 拍。

① 第 1×8 拍。

1~2 拍:并腿提踵。

3~4 拍:并腿落踵。

5~8 拍:同 1~4 拍。

② 第 2×8 拍同第 1×8 拍。

③ 第 3×8 拍。

1~2 拍:分腿提踵。

3~4 拍:分腿落踵。

5~8 拍:同 1~4 拍。

④ 第 4×8 拍同第 3×8 拍。

(3) 动作要求:提、落踵时膝关节要有弹性,两腿保持伸直。

图 4-38

5. 练习五（图 4-39）

（1）准备姿势：单腿屈膝成弓步，后腿充分伸直。

（2）动作方法：

① 两手撑地，上体前倾，身体上下振动。

② 重心后移，前腿伸直勾脚尖，两手握前脚成后弓步，屈体弹性下压。

（3）动作要求：两腿距离尽可能加大。

图 4-39

6. 练习六（图 4-40）

（1）准备姿势：坐在地面上，两腿并拢向前伸直，两手撑在体侧后方，后背直立。

（2）动作方法：

① 上体前压，前压时稍抬头。

② 单腿伸直向上举起，交换腿做。

③ 屈膝，另一腿进一步伸直上举，交换腿做。

④ 身体向前，两手抓握举起腿脚踝，收腹，交换腿做。

⑤ 放下举起腿，单腿屈膝，脚收回。

⑥ 收回腿伸直，交换腿做。

⑦ 两腿伸直上举，两手臂向前平伸。

⑧ 两腿屈膝收回，脚尖点地。

（3）动作要求：绷脚面，收紧腿部肌肉。

7. 练习七（图 4-41）

（1）准备姿势：跪撑，挺胸，抬头。

（2）动作方法：4×8 拍。

图 4-40

① 第 1×8 拍。

1~2 拍:右腿向后上方踢腿。

3~4 拍:还原。

5~8 拍:同 1~4 拍。

② 第 2×8 拍同第 1×8 拍。

③ 第 3×8 拍。

1~2 拍:左腿向后上方踢腿。

3~4 拍:还原。

5~8 拍:同 1~4 拍。

④ 第 4×8 拍同第 1×8 拍。

(3) 动作要求:绷脚面,踢腿时挺胸,抬头。

图 4-41

8. 练习八(图 4-42)

(1) 准备姿势:仰卧,两腿向前伸直,两臂侧平举,掌心朝下。

(2) 动作方法:

① 第 1×8 拍。

1~4 拍:两腿伸直上举向两侧分开。

5~8 拍:两腿伸直交叉。

② 第 2×8 拍。

1~4 拍:两腿伸直上举向两侧分开。

5~8 拍:两腿伸直交叉,换成另一腿在前。

③ 第 3×8 拍。

1~4 拍:两腿伸直前后分开,右腿在前。

5~8 拍:交换腿做。

④ 第 4×8 拍同第 3×8 拍。

(3) 动作要求:两腿伸直,绷脚面,动作开合有力。

9. 练习九(图 4-43)

(1) 准备姿势:侧卧,两腿伸直,右臂将上身支撑离开地面。

(2) 动作方法:4×8 拍。

① 第 1×8 拍。

1~2 拍:左腿向左上侧举腿。

3~4 拍:左腿还原。

5~8 拍:同 1~4 拍。

② 第 2×8 拍。

1~2 拍:左脚向前踢腿。

3~4 拍:左脚向后踢腿。

图 4-42

5~6 拍:同 1~2 拍。

7~8 拍:还原。

③ 第 3×8 拍同第 2×8 拍。

④ 第 4×8 拍。

1~2 拍:左脚向左侧上踢腿。

3~4 拍:左脚屈膝落回至左脚前点地。

5~6 拍:同 1~2 拍。

7~8 拍:还原成准备姿势。

两组后,换成反方向做。

(3) 动作要求:侧上举腿充分;弹踢腿时,以膝为轴,弹踢小腿。

10. 练习十(图 4-44)

(1) 准备姿势:俯卧,屈肘两前臂重叠撑地,两腿伸直。

(2) 动作方法:6×8 拍。

① 第 1×8 拍。

1 拍:单腿屈腿。

图 4-43

2 拍:单腿向后上方伸腿弹摆。

3~7 拍:同 1、2 拍。

8 拍:还原成预备姿势。

② 第 2×8 拍同第 1×8 拍,交换另一腿做。

③ 第 3×8 拍。

预备姿势:俯卧,两臂向前伸直。

1~2 拍:右臂收回至体侧,左臂前伸,右腿向后上踢腿,同时左臂直臂向上摆。

3~4 拍:还原。

5~8 拍:同 1~4 拍。

④ 第 4×8 拍同第 3×8 拍,换成另一侧手脚做。

⑤ 第 5×8 拍。

1~2 拍:两手臂伸直向后上方摆动,同时两腿伸直向后上方踢腿。

4~6 拍:同 1~2 拍。

7~8 拍:还原。

⑥ 第 6×8 拍。

1~8 拍:保持两手臂和双脚向后上方摆起,控制。

（3）动作要求：绷脚面，踢腿时挺胸，抬头。

图 4-44

11. 练习十一（图 4-45）

（1）准备姿势：肩肘倒立。

（2）动作方法：4×8 拍。

① 第 1×8 拍。

1~6 拍：两腿伸直落于头上方。

7~8 拍：还原成肩肘倒立。

肩肘倒立　　双腿落　　肩肘倒立　　分腿落

交换腿蹬伸

图 4-45

② 第 2×8 拍。

1~4 拍：右腿落于头上方，绷脚。

5~8 拍：还原。

③ 第3×8拍同第2×8拍,换成另一侧做。

④ 第4×8拍。

1~8拍:右腿屈膝上举,左腿伸直上举,两腿交替向上方做蹬伸,一拍一动。

(3)动作要求:保持身体姿势不变,绷脚面,蹬伸时要充分、有力。

二、脚部力量与柔韧性练习

1. 练习一(图4-46)

(1)准备姿势:跪坐,两腿并拢。

(2)动作方法:两脚绷直,脚背贴于地面,收腹、立腰,双手撑于身体两侧地面,臀部坐在脚踝上下压。

(3)动作要求:上体挺直稍后仰、收腹,臀部对踝关节有下压感。

图4-46

2. 练习二(图4-47)

(1)准备姿势:跪立,两腿并拢。

(2)动作方法:2×8拍。

① 第1×8拍。

1~2拍:跪直,两膝并拢。

3~4拍:身体向下,坐在脚踝上,下压脚踝。

5~8拍:持续坐压脚踝。

② 第2×8拍。

1~2拍:跪直,两腿分开。

3~4拍:身体向下,坐在腿之间的地面。

5~8拍:持续坐压,使两脚面充分贴于地面。

(3)动作要求:收腹,脚面绷直。

3. 练习三(图4-48)

(1)准备姿势:坐立,两手支撑在身体两侧,两腿向前伸直。

(2)动作方法:4×8拍。

图 4-47

① 第 1×8 拍。

1~2 拍：勾脚，屈脚踝，脚跟用力前蹬。

3~4 拍：绷脚，使脚面与小腿的角度越大越好。

5~6 拍：同 1~2 拍。

7~8 拍：还原。

图 4-48

② 第 2×8 拍。

1~2 拍：左脚屈脚踝勾脚，右脚绷脚。

3~4 拍：右脚屈脚踝勾脚面，左脚绷脚。

5~6拍:同1~2拍。

7~8拍:同3~4拍。

③ 第3×8拍。

1~4拍:双脚勾脚向两侧打开,经前绷脚绕环。

5~8拍:同1~4拍。

④ 第4×8拍。

1~4拍:双脚绷脚面向两侧打开,经后勾脚绕环。

5~8拍:同1~4拍。

(3) 动作要求:保持臀部收紧,挺胸,双腿并拢伸直。

4. 练习四(图4-49)

(1) 准备姿势:仰卧,两腿伸直。

(2) 动作方法:两腿伸直向上举起,踝关节做屈、伸、绕环。

(3) 动作要求:勾绷脚或绕环时,踝关节充分用力。

图4-49

三、髋部力量与柔韧性练习

1. 练习一(图4-50)

(1) 准备姿势:并腿站立,两手叉腰。

(2) 动作方法:4×8拍。

① 第1×8拍。

1~2拍:并腿,以髋关节为轴,向右扭、提髋。

3~4拍:并腿,以髋关节为轴,向左扭、提髋。

5~6拍:同1~2拍。

7~8拍:同3~4拍。

② 第2×8拍同1×8拍。

③ 第3×8拍。

1~2拍:以脚跟为轴,向右上提髋。

3~4拍:以脚跟为轴,向左上提髋。

5~6拍:同1~2拍。

7~8拍:同3~4拍。

④ 第4×8拍同第3×8拍。

(3) 动作要求:收腹,髋部充分上提。

图4-50

2. 练习二(图4-51)

(1) 准备姿势:两腿分开站立,左臂上举,右臂后下垂。

(2) 动作方法:4×8拍。

① 第1×8拍。

1~4拍:上体向后挺身屈体,展髋,仰头。

5~8拍:还原。

② 第2×8拍。

1~4拍:上体前屈,胸部靠近大腿,两臂向后伸展,掌心向上。

5~8拍:身体还原。

③ 第3×8拍。

1~4拍:两腿屈膝深蹲,上体挺直,两臂侧上举。

5~8拍:身体前屈,两手握踝关节后侧,使臀部做弹性振动。

④ 第4×8拍同第3×8拍。

(3) 动作要求:分腿距离要大,下蹲时膝关节尽量外展,使髋部打开到最大幅度。

3. 练习三(图4-52)

(1) 准备姿势:屈膝并腿坐立,两手放置身体两侧,脚尖点地。

(2) 动作方法:4×8拍。

准备姿势　　　挺身后展　　　上体前屈

分腿深蹲　　　前屈振髋

图 4-51

① 第 1×8 拍。

1~8 拍：两脚并拢收回尽量靠近身体，两脚底相对，两手相合抱住两脚掌外侧，膝盖向两侧打开，身体坐直，上下振动膝盖。

② 第 2×8 拍同第 1×8 拍。

③ 第 3×8 拍。

1~2 拍：侧屈膝，两手用力下压膝关节。

图 4-52

3~4拍:两膝还原。

5~6拍:同1~2拍。

7~8拍:同3~4拍。

④ 第4×8拍。

1~8拍:两腿向两侧伸直打开,两手十指分开撑于体前地面,挺胸、抬头、收腹。

(3)动作要求:保持立腰、立背,膝盖尽量下压。

4. 练习四(图4-53)

(1)准备姿势:俯撑于地面,两脚掌相对并拢,两膝分开,使髋尽量外展。

(2)动作方法:4×8拍。

① 第1×8拍。

1~4拍:弓腰,弓背,提臀,低头。

5~8拍:还原。

② 第2×8拍。

1~4拍:挺胸抬头,向下压胯。

5~8拍:还原。

③ 第3×8拍。

1~8拍:手臂向前伸直,下压膝关节,臀部下沉,使髋部外展至最大。

④ 第4×8拍同第3×8拍。

(3)动作要求:打开髋关节。

图4-53

5. 练习五(图4-54)

(1)准备姿势:跪撑,两腿并拢。

(2) 动作方法:4×8拍。

① 第1×8拍。

1~4拍:右腿伸直向后上举,挺胸、抬头。

5~8拍:还原。

② 第2×8拍。

1~4拍:左腿伸直向后上举,挺胸、抬头。

5~8拍:还原。

③ 第3×8拍。

准备姿势:右腿向后上伸直,成单膝跪撑。

1~4拍:右腿屈膝,展髋,成单腿侧屈举腿。

5~6拍:还原成准备姿势。

7~8拍:右腿还原,成双膝跪撑。

④ 第4×8拍。

1~4拍:左腿屈膝,展髋,成单腿侧屈举腿。

5~6拍:还原成准备姿势。

7~8拍:左腿还原,成双膝跪撑。

(3) 动作要求:后举腿尽量高于头,单腿侧屈尽量展髋。

图4-54

6. 练习六(图4-55)

(1) 准备姿势:坐立,两手撑于体侧,屈膝两腿收回,脚尖点地。

(2) 动作方法:4×8拍。

① 第1×8拍。

1~6拍:两腿屈膝落于右侧地面,保持身体面向正前方。

7~8拍:还原成准备姿势。

② 第2×8拍同第1×8拍。

③ 第3×8拍。

1~8拍:两腿屈膝落于左侧地面,同时向前挺髋。

④ 第4×8拍同第3×8拍。

(3) 动作要求:上体挺直,立直脊柱。

图4-55

7. 练习七(图4-56)

(1) 准备姿势:仰卧,屈膝,两大腿与胸部靠拢,手臂伸直放在身体两侧,掌心朝下。

(2) 动作方法:4×8拍。

① 第1×8拍。

1~4拍:臀部带动双膝,将双腿转向身体左侧,头向右转。

5~8:拍还原成准备姿势。

② 第2×8拍。

1~4拍:臀部带动双膝,将双腿转向身体右侧,头向左转。

5~8拍:还原成准备姿势。

③ 第3×8拍。

准备姿势:仰卧,两腿向前伸直。

1~6拍:左腿屈膝转向右,右手向下按左膝外侧,使左小腿内侧着地,头向左转。

7~8拍:还原成准备姿势。

④ 第4×8拍同第3×8拍,换成反方向做。

(3) 动作要求:腰部配合臀部做最大幅度的扭转。

空乘形体训练

准备姿势　　　　　　　　　屈膝向左扭转

屈膝向右扭转　　　　　　　单膝屈膝扭转

图 4－56

【学习小结】

　　身体各部位的基本训练,是对人体各部位进行的基础、系统的专门训练。练习者通过身体各部位的基础训练,能够进一步改变身体原始状态,提高动作的灵活性和优美性,增强站姿、坐姿、走姿等姿态动作的规范化和美感,塑造完美身形,纠正身体姿态的不足。因此,这部分训练是形体训练中不可忽视的重要内容。

【自我检测】

（1）自编一节 8×8 拍的上肢练习。

（2）自编一节 8×8 拍的下肢练习。

（3）自编一节 8×8 拍的躯干练习。

（4）根据自己情况,自编一套姿态组合训练操。

学习单元五
放松与防护

学习目标

通过本单元学习,应该达到以下目标:

素质目标 通过本章的学习,减轻运动疲劳,减少运动伤害。

知识目标 了解运动防护的基础知识。

能力目标 掌握身体放松的方法,了解运动中比较容易受伤的部位和防护方法。

第一节 身体各部位的放松练习

放松练习可以减轻机体的负担和能量消耗,减少耗氧量,使机体基本处于基础代谢状态,如使肌肉、肌腱、韧带、关节乃至脏器等处于相对稳定、松弛的状态,让紧张的身体得到舒缓释放。放松的过程由肌肉收紧和肌肉延展开始,在紧张和延展后身体能得到有效的放松。具体方法有以下常见的几种。

1. 头部放松

双脚打开与髋同宽,双手十指交扣放于头部后方,将头部向下(向后向左向右)低头保持5秒钟,然后放松。

2. 肩部肌肉放松

将右肩用力向上高耸,保持5秒钟,快速向下沉还原,然后放松。左肩重复一次。将双肩用力向上高耸,保持5秒钟,快速向下沉还原,然后放松。

3. 手臂肌肉放松

吸气,双手举至头顶上方,大臂内收夹耳,指尖向上无限延展,肩膀内收下沉,胸腔向上提,收腹保持基本站姿。保持10秒钟,呼气双手体测还原,然后放松。

4. 侧腰肌肉放松

保持双腿重心在两腿之间,左手扶髋,右手贴近耳朵的方向,同时身体向左侧屈,拉长右侧腰线,保持5秒钟,然后放松。相反动作重复一遍。

5. 腿部肌肉放松

以髋部为轴点上身向下，双手扶住右脚踝，腹部尽量贴腿。立直上体，伸直右腿，双手扶住膝盖窝，用力拉伸大腿后侧的肌肉，保持 5 秒然后放松。左侧动作重复一遍。

6. 脊柱放松

以髋部为轴点身体向前曲，双手扶住脚踝，腹部尽量贴腿。身体与地面保持平行，拉长后背，手臂向前延伸，头在脊柱的延长线上，保持 5 秒然后放松。

7. 脚踝放松

双脚打开与肩同宽，双手扶髋，勾右脚至极限，保持 5 秒然后放松。左脚动作重复一遍。

8. 深呼吸缓解法

吸气，双手由体侧至头顶上方交叉，呼气，双手还原。

第二节 常见的运动损伤及防护

运动中比较容易受伤的部位和防护方法介绍如下。

1. 脚踝

跑步、跳跃和迅速转身较容易造成脚踝扭伤或者踝关节韧带撕裂。通常这种伤病都要通过 X 射线进行检测，其预防措施是经常轻敲脚踝、穿上护踝或者做一些踝关节练习增强踝关节的韧性。

2. 肩膀

肩膀受伤一般是由过度使用造成的，其症状包括疼痛、肌肉僵硬以及肩膀虚弱无力。肩膀受伤占了所有运动伤害的 20%。这种伤病在任何带有空中移动的运动项目中都有可能发生。预防肩膀受伤的最好办法是适当的举重训练。

3. 膝盖

通常膝伤是由于过度使用膝关节造成的，因此大部分的膝伤都被称为"奔跑者的膝盖"。膝伤在所有运动伤害中所占的比例将近 55%，而其中接近四分之一的膝伤要接受外科手术。阻止膝盖受伤的办法是鞋子加上护垫或者更换更舒适的鞋子。

4. 肌肉拉伤

预防这种伤病的最好办法就是在活动前做好充分的热身活动。

5. 肘部

预防肘部受伤的最佳方法是进行折腕练习、屈腕练习、或者任何其他的前臂力量加强训练。

6. 背伤

对于这种伤病，最好的治疗就是多休息。

7. 外胫炎

外胫炎的发生通常是因为肌肉发炎造成的。预防的办法是常做交叉训练、穿特制鞋,加强伸展训练。

8. 肌腱炎

脚后跟的炎症更会影响练习者的奔跑和跳跃。

9. 腹股沟

腹股沟受伤一般是因为用力不当造成的。

第三节　形体训练的注意事项

1. 课前

（1）穿着专业服装,并摘掉配饰。

（2）避免暴饮暴食后进行形体训练。若体质较弱,可在课前60～90分钟食用一些巧克力或牛奶。

（3）患有疾病的同学,应在课前告知指导教师,尽量避免对身体造成伤害。

2. 课中

（1）生理周期的练习者不要做骨盆倒置和强烈挤压腹部及腰部的动作。

（2）心脏病、高血压、眩晕患者,应避开头低于心脏的姿势。

（3）练习中或练习结束后可能会出现头晕、恶心、心慌,在练习中出现不适应立即休息,这种情况会随练习的深入及能力的提高而逐渐消失。

3. 课后

（1）对身体各部位进行彻底放松,避免运动损伤或肌肉劳损。

（2）喝少许温水,促进排毒。

（3）30分钟以上再进食,并尽量选择清淡新鲜的食物。

（4）30分钟后再洗浴。

【学习小结】

通过本章的学习,应重点掌握以下的学习内容:

（1）运用所学的形体动作放松身体各部位。

（2）常见的运动损伤及防护。

（3）练习形体时的注意事项。

（4）自我检测身体比例及分类。

（5）正确认识形体美的衡量标准。

【自我检测】

（1）自我调整身体体态并进行放松练习。

（2）对发生的运动损伤如何进行自我修护。

（3）如何加强运动中的自我保护能力。

学习单元六
形体塑造与饮食

学习目标

通过本单元学习,应该达到以下目标:

素质目标　通过本章的学习,能够计算出自身的能量需求,为形体塑造打下基础。

知识目标　了解营养物质的相关知识,了解形体塑造与饮食的关系。

能力目标　能够合理调整自己的饮食,调整饮食结构拥有健康身体。

第一节　营养物质的相关知识

人体维持正常的生命活动,离不开营养物质,而我们获得营养的主要途径是摄取食物。食物的成分主要有糖类、脂类、蛋白质、维生素、无机盐、水和纤维素七大类,通常被称为营养素。它们和通过呼吸进入人体的氧气一起,经过新陈代谢过程,转化为构成人体的物质和维持生命活动的能量。所以,它们是维持人体的物质组成和生理机能不可缺少的要素,也是生命活动的物质基础,可供我们人的正常需求和摄取。其中三大营养物质糖类、脂质、蛋白质在一定条件下可以相互转化。三大营养物质转化如图6-1所示。

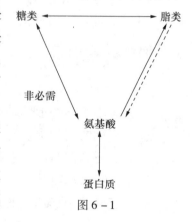

图6-1

只有当糖类代谢发生障碍时才由脂肪和蛋白质来供能,当糖类和脂肪摄入量都不足时,蛋白质的分解才会增加。糖类可以大量转化成脂肪,而脂肪却不可以大量转化成糖类。例如糖尿病患者糖代谢发生障碍时,就由脂肪和蛋白质来分解供能,因此患者表现出消瘦。

第二节　不同人群每天的能量需求

人体每天所需的热量与身体活动程度有关。人体正常每天至少需要摄取1500

大卡的热量。一般而言,如果以一个60千克标准体重的人,在休息状态时,一天需1500~1600大卡;如果是中等活动量,一天需1800~2000大卡。但是人体有一个很奇妙的现象,当我们食物的摄取热量不足时,人体本身会制造热量,此种内生性热量主要来自肝醣分解及脂肪分解,肝醣分解产生葡萄糖,一天最多可达180公克(相当于720大卡),而脂肪分解产生脂肪酸及甘油,甘油可以转变成葡萄糖供细胞利用,而脂肪酸可以转变成酮体,供细胞(包括神经组织)利用。因此,当一个人如果皮下脂肪很多(肥胖者),脂肪组织就是一个内在的能量来源,可以分解出来供应人体新陈代谢所需的热量,但一般而言,一天至少仍需摄取800大卡(仟卡)以上才不损健康。

我们常说每餐要吃多少卡路里,究竟你每日需要多少卡路里呢?

这可依自己的性别、年龄、身高、体重计算,以下便是计算公式。

男:[66 + 1.38 × 体重(kg) + 5 × 高度(cm) − 6.8 × 年龄] × 活动量

女:[65.5 + 9.6 × 体重(kg) + 1.9 × 高度(cm) − 4.7 × 年龄] × 活动量

一般人的活动量由1.1~1.3不等,活动量高数值便高,甚至有可能高出1.3的数值。平日坐在办公室工作的女性,活动量约为1.1,运动量高的人约为1.3。

例如:身高156cm,体重46kg的18岁女性,每日所需的卡路里为1580大卡。

公式:[665 + 9.6 × 46 + 1.9 × 156 − 4.7 × 18] × 1.2 = 1580大卡

第三节　体型的塑造与饮食的相互关系

最好的形体训练与体型的塑造方法是合理地运动与合理的饮食结构,这样既不伤身体,又能持久地坚持下去,还不至于担心脂肪的反弹。值得注意的是,一部分体重超重的人,在减肥的过程中需要方法得当,方法如果不合理,减去的是肌肉和体内的水分,而胖回来是脂肪,所以也称为脂肪的"报复",从而无法让体型达到预期的效果。

一、制定合理的饮食制度

一日三餐营养素分配要合理。根据偏胖的人一般在早上体内胰岛素分泌比较少,晚上胰岛素分泌比较多,因而吸收糖分多,从而引起肥胖。肥胖者三餐饮食热量分配应为:早餐占全日总量的30%~35%,中餐30%~35%,晚餐25%~30%。

二、养成良好的饮食习惯

一日三餐要按时吃,不吃或少吃零食(必要的水果还是应该吃的)、不吃夜宵、细嚼慢咽、控制食速。肥胖者一般进食速度过快,狼吞虎咽很容易导致进食过量,引起肥胖,所以一定要用各种方法控制饮食速度,降低食欲,减少进食量。

三、调整食物结构

按所需热量调整食物结构,采取控制主食、增加副食的配餐方法,总容量不能减少,使胃肠的扩张度和原来一样,不能有饥饿的感觉,因为一旦产生这种感觉,就会想找食物吃,使减肥失败。在控制主食的同时,还要限制含淀粉及糖分高的食物。

四、控制脂肪的摄入量

控制脂肪还应注意保持每天排便的正常,不能限制太紧。但要限制动物脂肪,因为动物脂肪容易沉积在血管内,如奶油、肥肉、动物皮、猪油、鸡油、烤鸡、烤鸭、烤鹅、烤乳猪、香酥点心、煎炸食物等。

【学习小结】

通过本章的学习,应重点掌握以下的学习内容:
(1)三大营养物质的转化。
(2)热量与体重身体活动的关系。
(3)合理的运动方式与调整饮食结构。

【自我检测】

(1)三大营养物质是哪些?
(2)检测自己每日需要多少卡路里。
(3)调整合理的运动方式与饮食结构,观察身体发生哪些变化。

模块三 强化训练

学习单元七
芭蕾基训——强化气质

学习目标

通过本单元学习,应该达到以下目标:

素质目标 通过芭蕾基训的地面、把杆、中间等系统训练,运用芭蕾基训的"开、绷、直、立"四大原则,使自身体态更加挺拔,姿态更加优雅。

知识目标 了解芭蕾基训的常用术语,训练原理与目的,训练内容及与专业相关的知识。

能力目标 在前几个单元的基础上,通过本学习单元的学习,进一步加强身体素质及肌肉能力的提高。

第一节 芭蕾基训的训练原理与作用

舞蹈,是提高人体协调性、灵活性、控制力、表现力和塑造体型的一种基本素质训练的方法,通过规范、系统的训练,不但能改善身体素质,还能增强心理素质,提高气质。其中,芭蕾基训,是最为常见和效果比较明显的一种训练方式。在芭蕾基训的过程中,一个部位伴随着另一个部位的运动关系,能使身体的肌肉、关节、韧带、伸展性、耐力、爆发力、协调能力等方面得到进一步的锻炼和增强。

芭蕾基训,是让学生们在得到优美的体型的同时,还能运用身体语言配合音乐表达内心情绪的一种方式。通过基本素质及不同小组合的训练,提高对音乐节奏感的理解和对美的感受,使得形体美能得到更好的的展现,进一步提高了学生自信心和气质。

第二节 芭蕾基训的基本概念

一、关于芭蕾基训

"芭蕾"是法语"ballet"的音译,起源于意大利,兴盛于法国。芭蕾最初时是欧洲的一种群众自娱或者广场表演的舞蹈,主要表现形式是女演员穿上特制的足尖鞋,用脚尖跳舞。在发展过程中,芭蕾形成了严格的规范和结构形式。空乘专业开设的形体课中,芭蕾基训部分的训练是以芭蕾舞的基础动作作为训练内容,芭蕾基训以开、绷、直、立作为训练的四大要素,使身体各部位发展均衡,姿态优美挺拔,同时在悠扬的音乐伴奏下,让美得到直观又含蓄的展现。

二、芭蕾基训的常用术语

目前我们常用的芭蕾基训的术语都是来自法语,下面介绍空乘形体训练中,常用到的术语。

1. A terre:在地面,指用脚底完全接触地面,或者本应抬成一个位置的腿仍然留在地上。
2. En l'air:空中。
3. En face:正面。
4. En dehors:向外,动作过程中以支撑腿为准。
5. En dedans:向里,动作过程中以支撑腿为准。
6. Adagio:慢板,原意为缓慢的、安详的。多指控制类的动作。
7. Battement:腿部动作的总称,原意为拍打,泛指伸直或者弯曲的腿向外所做的一切动作。
8. Demi plie:Demi,半,指原来姿势的一半。Demi plie,意为"半蹲"。
9. Grand plie:Grand,大的。Grand plie 意为"大蹲"、"深蹲"。
10. Battement tendu:Tendu,指绷脚尖压脚。Battement tendu,意为"擦地",是答题退的开始或结尾的部分。
11. Battement tendu jete:小踢腿,俄罗斯学派术语。
12. Rond de jembe:单腿划圈,可在地面、空中向里或者向外划圈。
13. Battement foudu:单腿蹲。
14. Cou-de-pied:动作脚位于主力脚脚腕。
15. Battement frappe:小弹腿。
16. Grand battement jete:大踢腿。
17. Releve:上升,多指半脚尖脚尖动作。
18. Saute:小跳。

三、方位

在选择和明确身体的方向时,就身体而言,小腹所向的方向就是整体所向的方向。如果就局部而言,则按照不同局部所向的方向,而选择、明确局部方向。一般分为8个方向(图7-1)。

8个方向指:一方向、二方向、三方向、四方向、五方向、六方向、七方向、八方向,也称为一点、二点、三点、四点、五点、六点、七点、八点。

身体的正前方称为一方向,顺时针转动45°角为二方向,以此类推共8个方向。

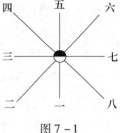

图7-1

四、芭蕾基训课堂中的常用词汇

1. 起法儿

在正式做动作以前,从力量或动作上做准备,称"起法儿"。一般在正式动作前的四或八拍时间,做起法儿动作,也叫准备拍。

2. 面向

身体正面所朝的方向称面向。

3. 视向

眼睛所看的方向称为视向,一般也包括脸的朝向,如"眼看二方向",即脸、视线均朝二方向。

4. 对称动作

指左、右相对的同一动作。

5. 正面、反面动作

在训练过程中,教师会提到"正面"、"反面"这些词汇,这两者之间是相对而言的,例如:我们将左腿为主力腿,右腿则为动力腿,此时,称为正面动作,相反,则为反面动作。

6. 动力腿与主力腿

动力腿,也叫动作腿,指运动过程中主要完成动作的腿;而主力腿,也叫支撑腿,主要起到支撑身体的作用,与动力腿共同协调完成动作。

第三节 芭蕾基训的内容设计

芭蕾基训的训练过程是循序渐进的,按照从易到难的科学的规律进行训练,在整个训练的过程中应有:地面素质训练、扶把训练、中间训练、放松练习等系统的训练内容。

1. 地面素质训练

芭蕾基训课程是以地面练习为基础开始一节课练习的,地面素质训练主要包括在地面上完成的各个部位的一系列动作,主要以活动筋骨、韧带、提高身体软、开度为主,主要内容包括压腿、踢腿、压胯、压脚背、开肩、活动腰等,可以使舞蹈动作优美,身体柔软的同时,肌肉能力达到一定的要求。在训练过程中,保证训练量的基础上,强度可因人而异,在自身条件的基础上慢慢提高。空乘专业的学生,在第一学年的学习过程中,初期可以以地面素质训练的内容为主,当软、开度、肌肉能力达到一定的基础后,可以将重心放在扶把训练及中间训练上。

2. 扶把训练

扶把训练,也叫把杆练习、把上练习。扶把练习是芭蕾基训里面必不可少的部分,扶把训练指借助把杆进行单一动作或组合动作的练习,把杆可以帮助练习者完成动作时调整重心、掌握平衡,避免在支撑困难的情况下导致变形、错误动作的出现。扶把训练是气息、力量、稳定性及柔韧性的结合,是全方位综合训练的基础,初学者更加不能忽略扶把部分的训练。

3. 中间训练

中间训练也称为脱把练习、把下练习,脱离把杆,进一步加强把杆部分所练习的内容,提高身体的平衡性、稳定性、灵活性。

4. 放松练习

放松练习是芭蕾基训中必不可少的部分,也是一节课结束的环节,这部分内容主要以调整呼吸,放松肌肉为主。

第四节 地面素质练习

一、基本坐姿

基本坐姿的练习是整个地面素质训练的基础,没有一个正确的坐姿,地面素质的训练就如纸上谈兵,空乘专业的学生入校前由于没有经过系统的形体训练,部分学生有驼背、含胸等现象,故在训练的过程中,不能像舞蹈专业的学生那样进行大幅度的基本功的训练。

基本坐姿的训练方法(图7-2):双腿并拢,脚部用力下压(绷脚尖)迫使脚后跟离开地面,并使腿部拉至最长且直的状态,脊椎向上拉长,使后背与地面呈90度的直角,肩膀下压。眼睛平视前方,下巴微抬、脖子拉长,双手手臂伸直放在身体的两侧。

图7-2

二、脚部

（一）压脚背

1. 方法一（图 7-3）

同学 A 保持坐姿，将整条腿外旋，双脚脚尖向外打开，保持绷脚状态，同学 B 双手虎口张开，整个手掌紧握对方的脚弓至脚尖部位，用手腕及整个手臂的力量垂直向下压。

图 7-3

2. 方法二（图 7-4）

跪坐，双膝并拢，臀部坐在脚跟上，双手在腿的两侧支撑，脚面绷直，脚后跟并拢，将膝盖抬离地面，用自身的体重给脚背加压。

（二）勾绷脚组合

（1）准备姿态（图 7-5）：基本坐姿，双腿并拢向前伸直，绷脚，双脚脚后跟及脚尖并紧，两手置于身体两侧，肩膀下压，上身挺立（图 7-5）。

图 7-4　　　　　　　图 7-5

（2）音乐：2/4，中速。

（3）动作组合：8×8 拍。

① 第 1×8 拍。

1~2 拍:勾双脚脚尖。

3~4 拍:在 1-2 的动作基础上,勾脚掌。

5~6 拍:双脚脚背慢慢绷紧下压,保持勾脚尖状态。

7~8 拍:双脚脚尖下压,呈准备姿态。

② 第 2×8 拍。

1~8 拍:重复上一个八拍。

③ 第 3×8 拍。

1~2 拍:勾右脚尖。

3~4 拍:勾右脚脚掌。

5~6 拍:绷右脚脚掌。

7~8 拍:绷右脚脚尖。

④ 第 4×8 拍。

1~2 拍:勾左脚尖。

3~4 拍:勾左脚脚掌。

5~6 拍:绷左脚脚掌。

7~8 拍:绷左脚脚尖。

⑤ 第 5×8 拍。

1~2 拍:勾双脚脚掌。

3~4 拍:在勾脚掌的基础上将双腿双脚外旋,双腿内侧肌肉夹紧,脚后跟并拢,打开脚尖。

5~6 拍:绷直全脚。

7~8 拍:将双腿双脚并拢,还原至准备姿态。

⑥ 第 6×8 拍。

1~2 拍:双腿双脚外开。

3~4 拍:勾全脚掌。

5~6 拍:并拢双腿双脚。

7~8 拍:绷全脚。

⑦ 第 7×8 拍。

1~8 拍:双脚向外慢慢打开,脚腕向外转一圈,完全打开后绷直收紧。

⑧ 第 8×8 拍。

1~8 拍:做上一个八拍的反向动作。

见图 7-6。

三、腿部

(一)腿的外开训练

(1)准备姿态:基本坐姿(图 7-7)。

77

图 7-6

图 7-7

(2) 音乐:4/4,慢速。

(3) 动作组合:8×8 拍。

1~8 拍:双腿保持伸直,双脚脚尖用力绷紧,从大腿根部至脚尖外旋。

1~8 拍:双腿双脚由外旋的状态还原至准备姿态(图 7-8)。

注意:整个动作中,腿部不可放松,腰背始终保持直立。

图 7-8

(二) 腿部拉伸训练

(1) 准备姿态:基本坐姿(图 7-9)。

(2) 音乐:4/4,慢速。

(3) 动作组合:8×8 拍。

图 7-9

1~4 拍:向下压腿时,先将腹部向大腿上贴,之后是胸部向下压,最后将头部向腿部贴近,下巴抬起向脚尖处延伸的整个过程中保持脊柱延长,后背始终保持"直立"。双手从身体两侧向前划至脚部。

5~8 拍:起身时保持后背的直立,先将头部抬起,之后将胸部、腹部抬起,最后还原至准备姿态(图 7-10)。

1~8 拍:重复以上动作至 8 个八拍。

注意:整个动作过程要流畅,强调各部位的延伸。

图 7-10

(三) 地面压腿

压腿,是提高腿部软开度最初的基础练习。根据每个人的最初条件,自己控制强度,不要一味追求高度而导致肌肉韧带拉伤。压腿的时候,腿部要伸长,向远处伸展的基础上再向下压,两条腿的肌肉都要收紧。进行完压腿以后,要踢腿来提高能力,踢腿的时候要注意不要提胯扭胯,在正确姿势的基础上,提升高度。

1. 压前腿

(1) 准备姿态:在基本坐姿的基础上,将一只腿向身体前方伸直、绷脚尖、保持外开,另一条腿收回至身体后方,绷脚(图 7-11)。

(2) 音乐:4/4,慢速。

(3) 动作组合:16×8 拍。

① 第 1×8 拍。

1~4 拍:向下压腿时,先将腹部向大腿贴,之

图 7-11

后是胸部向下压,最后将头部向腿部贴近,下巴抬起向脚尖处延伸的整个过程中保持脊柱延长,后背始终保持"直立"。双手从身体两侧向前划至脚部。

5~8拍:起身时保持后背的直立,先将头部抬起,之后将胸部、腹部抬起,最后还原至准备姿态。

② 第2×8拍~第8×8拍。

1~8拍:重复至8个八拍。

③ 第9×8拍~第16×8拍。

1~8拍:重复左腿8个8拍的动作。

注意:整个动作中,腿部不可放松,腰背始终保持拉长。

图7－12

2. 压旁腿

(1) 准备姿态:在基本坐姿的基础上,将一只腿向身体一旁伸直、绷脚尖、保持外开,另一条腿收回至身体前方(图7－13)。

(2) 音乐:4/4,慢速。

(3) 动作组合:16×8拍。

① 第1×8拍。

1~4拍:向旁压腿时,整个过程中保持脊

图7－13

柱延长,后背始终保持"直立",并且保持上半身的外开,一只手保持在提前位置,另外一只手去找脚的方向。

5~8拍:起身时保持后背的直立,最后还原至准备姿态。

② 第2×8拍~第8×8拍。

1~8拍:重复至8个八拍。

③ 第9×8拍~第16×8拍。

1~8拍:重复左腿8个八拍的动作(图7－14)。

注意:整个动作中,腿部不可放松,腰背始终保持拉长。

图7－14

3. 压后腿

(1) 准备姿态:在基本坐姿的基础上,将一只腿向身体后方伸直、绷脚尖、保持外开,另一条腿收回至身体前方(图7-15)。

图7-15

(2) 音乐:4/4,慢速。

(3) 动作组合:16×8拍。

① 第1×8拍。

1~4拍:向后压腿时,整个过程中保持脊柱延长,双手配合身体向后划动。

5~8拍:起身时保持后背的直立,最后还原至准备姿态。

② 第2×8拍~第16×8拍。

重复上一个八拍动作(图7-16)。

注意:整个动作中,腿部不可放松,腰背始终保持拉长,髋关节不能扭动。

图7-16

(四) 踢腿练习

1. 踢前腿

(1) 准备姿态:双腿并拢、外开躺在地板上,双手放在身体两侧(图7-17)。

(2) 音乐:2/4,快速。

(3) 动作组合:16×8拍。

① 第1×8拍。

1~2拍:保持左腿不动,右腿伸直、外开向上踢起。

3~4拍:还原至准备拍。

5~6拍:保持右腿不动,左腿伸直、外开向上踢起。

图7-17

7~8拍:还原至准备拍。

② 第2×8拍~第16×8拍。

1~8拍:重复以上动作(图7-18)。

注意:整个踢腿的过程要注意保持动力腿的爆发力。

2. 踢旁腿

(1) 准备姿态:双腿并拢、侧身躺在地板上,一只手手心向下向头顶伸直摆放,另一只手五指张开放在胸前地板上,用于支撑身体的平衡(图7-19)。

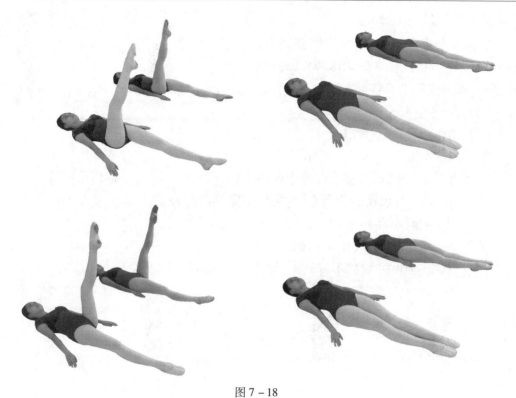

图 7 – 18

(2) 音乐:2/4,快速。

(3) 动作组合:16×8 拍。

① 第 1×8 拍。

1~2 拍:保持左腿不动,右腿伸直、外开向上踢起。

图 7 – 19

3~4 拍:还原至准备拍。

5~8 拍:重复以上四拍动作(图 7 – 20)。

② 第 2×8 拍~第 8×8 拍。

1~8 拍:重复以上动作。

图 7 – 20

③ 第 9×8 拍~第 16×8 拍。

转身准备反面动作(图 7-21)。

图 7-21

1~2 拍:保持右腿腿不动,左腿伸直、外开向上踢起。

3~4 拍:还原至准备拍。

5~8 拍:重复以上四拍动作(图 7-22)。

图 7-22

注意:整个踢腿的过程要注意保持动力腿的爆发力。

3. 踢后腿

(1) 准备姿态:双腿双脚并拢、伸直,双臂将上身撑起,趴在地板上(图 7-23)。

图 7-23

(2) 音乐:2/4,快速。

(3) 动作组合:16×8 拍。

① 第 1×8 拍。

1~2 拍:保持左腿不动,右腿伸直、外开向上踢起。

3~4 拍:还原至准备拍。

5~6 拍:保持右腿不动,左腿伸直、外开向上踢起。

7~8 拍:还原至准备拍。

② 第 2×8 拍~第 16×8 拍。

1~8拍:重复以上动作至第16个八拍(图7-24)。

图7-24

注意:整个踢腿的过程要注意保持动力腿的爆发力,髋关节不要外翻。

(五) 吸弹腿练习

1. 吸弹腿-向前

(1) 准备姿态:双腿双脚并拢躺在地板上,双手放在身体两侧(图7-25)。

图7-25

(2) 音乐:2/4,快速。

(3) 动作组合:8×8拍。

① 第1×8拍。

1~2拍:保持左腿不动,右腿在脚尖不离开地板的基础上向上吸起至左腿膝关节处。

3~4拍:右腿膝关节以上保持不动,用右脚的脚尖带动小腿向上弹起,使右腿保持在空中伸直的状态。

5~6拍:右腿小腿弯回,还原至1~2拍的动作。

7~8拍:右脚的脚尖顺着地板擦出,使动作还原至准备姿态。

② 第2×8拍。

1~8拍:左脚重复以上八拍。

③ 第 3×8 拍~第 8×8 拍。

1~8 拍：右腿、左腿交替完成吸弹腿的动作至第 8 个八拍（图 7-26）。

图 7-26

2. 吸弹腿-向旁

（1）准备姿态：双腿并拢、侧身躺在地板上，一只手手心向下向头顶伸直摆放，另一只手五指张开放在胸前地板上，用于支撑身体的平衡（图 7-27）。

（2）音乐：2/4，欢快地。

（3）动作组合：8×8 拍。

① 第 1×8 拍~第 4×8 拍。

1~2 拍：保持左腿不动，右腿保持外开，在脚尖不离开左腿的基础上向上吸起至左腿膝关节处。

图 7-27

3~4拍:右腿膝关节以上保持不动,用右脚的脚尖带动小腿向上弹起,使右腿保持在空中伸直的状态。

5~6拍:右腿小腿弯回,还原至1~2拍的动作。

7~8拍:右脚的脚尖顺着左腿擦出,使动作还原至准备姿态。

② 第2×8拍~第4×8拍。

1~8拍:重复以上动作(图7-28)。

图7-28

③ 第5×8拍~第8×8拍。

转身准备反面动作(图7-29)。

图7-29

1~2拍:保持右腿不动,左腿保持外开,在脚尖不离开右腿的基础上向上吸起至左腿膝关节处。

3~4拍:左腿膝关节以上保持不动,用左脚的脚尖带动小腿向上弹起,使左腿保持在空中伸直的状态。

5~6拍:左腿小腿弯回,还原至1~2拍的动作。

7~8拍:左脚的脚尖顺着右腿擦出,使动作还原至准备姿态(图7-30)。

图7-30

注意:无论是向前还是向旁的吸弹腿,都要注意动力腿的暴发力,以及身体的稳定性。

(六)慢抬腿

1. 慢抬腿-向前

(1)准备姿态:双腿并拢、脚尖外开躺在地板上,双手放在身体两侧(图7-31)。

(2)音乐:4/4,慢速。

(3)动作组合:8×8拍。

① 第1×8拍。

1~4拍:保持左腿不动,右腿伸直、外开向上慢慢、匀速的抬起至90°。

5~8拍:慢慢、匀速的向下放,还原至准备拍。

图7-31

② 第2×8拍。

1~4拍:保持右腿不动,左腿伸直、外开向上慢慢、匀速的抬起至90°。

5~8拍:慢慢、匀速的向下放,还原至准备拍。

③ 第3×8拍~第8×8拍。

1~8拍:右腿、左腿交替重复以上动作(图7-32)。

2. 慢抬腿-向旁

(1)准备姿态:双腿并拢、侧身躺在地板上,一只手手心向下向头顶伸直摆放,另一只手五指张开放在胸前地板上,用于支撑身体的平衡(图7-33)。

图 7 – 32

图 7 – 33

（2）音乐:4/4,慢速。

（3）动作组合:16×8拍。

① 第 1×8 拍。

1~4拍:保持左腿不动,右腿伸直、外开向上慢慢、匀速的抬起。

5~8拍:慢慢、匀速的向下放,还原至准备拍。

② 第 2×8 拍~第 8×8 拍。

1~8拍:重复以上动作(图 7 – 34)。

③ 第 9×8 拍~第 16×8 拍。

转身准备反面动作(图 7 – 35)。

1~4拍:保持右腿不动,左腿伸直、外开向上慢慢、匀速的抬起。

5~8拍:慢慢、匀速的向下放,还原至准备拍(图 7 – 36)。

图 7 - 34

图 7 - 35

图 7 - 36

3. 慢抬腿 - 向后

（1）准备姿态：双腿双脚并拢、伸直，双臂将上身撑起，趴在地板上（图 7 - 37）。

图 7 - 37

（2）音乐：4/4，慢速。

（3）动作组合：8×8 拍。

① 第 1×8 拍。

1~4 拍：保持左腿不动，右腿伸直、外开向上慢慢、匀速的抬起。

5~8拍:慢慢、匀速的向下放,还原至准备拍。

② 第2×8拍。

1~4拍:保持右腿不动,左腿伸直、外开向上慢慢、匀速的抬起。

5~8拍:慢慢、匀速的向下放,还原至准备拍。

③ 第3×8拍~第8×8拍。

1~8拍:右腿、左腿交替重复以上动作(图7-38)。

图7-38

注意:整个慢抬腿的过程要注意保持动力腿的外开,并将力量用于脚尖发力。

四、胯

压胯,有以下几种方法。

1. 方法一(图7-39)

大小腿呈90°直角,趴在地板上,整个人放松,胯根向下压,此方法在学习初期可以两人配合做。

2. 方法二(图7-40)

两腿伸直,保持在一个水平面上,上身趴在地板上,胯根放松向下下横叉。

图7-39

图7-40

3. 方法三

（1）躺在地板上,两腿并拢伸直,离开地板向上抬至90°;

（2）两腿分开呈一直线,可以用双手压住胯根加力。也可用腿部的力量自行向下、上重复放下、抬起。

4. 方法四

面对墙壁,两腿伸直分开呈一字,使身体尽量贴紧墙壁。

5. 方法五

背对墙壁,两腿伸直分开呈一字,使两腿尽量贴紧墙壁。

注意:无论使用哪种方法练习胯部,都应注意两腿用力要一致,匀速加力,避免造成损伤。

五、腰部

1. 方法一（图7-41）

两人配合。同学A趴在地板上,同学B抓住其大臂,缓慢的向上将其拉起,使其上半身离开地板,腰部受力。

2. 方法二（图7-42）

（1）趴在地板上,两手放在身体两侧,将上身推起离开地板;

（2）头部带动上身向后卷,使腰部受力。

图7-41

图7-42

3. 方法三

跪在地板上,两膝盖分开与肩同宽,双手顶住胯根两侧,重心略向前,向后下腰。(双脚脚尖不能离开地板)

六、肩部

两人配合。同学 A 趴在地板上,同学 B 抓住其大臂,缓慢的向上将其拉起,使其胸部以上离开地板,肩部受力,可适当的用膝盖顶住其肩胛骨中间发力(图 7 – 43)。

图 7 – 43

七、头颈部位的练习

(1)准备姿态:地面基本坐姿。

(2)音乐:2/4,中速。

(3)动作组合:8×8 拍。

① 第 1×8 拍。

1～2 拍:低头。

3～4 拍:回正。

5～6 拍:仰头。

7～8 拍:回正。

② 第 2×8 拍。

1～8 拍:重复上一个八拍的动作。

③ 第 3×8 拍。

1～2 拍:头转向右边。

3～4 拍:回正。

5～6 拍:头转向左边。

7～8 拍:回正。

④ 第 4×8 拍。

1～8 拍:重复上一个八拍的动作。

⑤ 第 5×8 拍。

1~2拍:头部向右倒。
3~4拍:回正。
5~6拍:头部向左倒。
7~8拍:回正。
⑥ 第6×8拍。
1~8拍:重复上一个八拍的动作。
⑦ 第7×8拍。
1~8拍:从右至左将头部环绕一圈。
⑧ 第8×8拍。
1~8拍:从左至右将头部环绕一圈。

第五节　扶把基础练习

一、扶把

在扶把训练时,分为双手扶把、单手扶把两种扶把姿势。

（一）双手扶把

动作要求:两脚后跟并拢,脚尖外开呈一字(一位脚),双腿内侧肌肉用力收紧,使脚尖至两腿大腿根部肌肉上提,身体距把杆约一小臂的距离,两手之间的距离保持与肩同宽,手腕放松下压,将手指部分搭在把杆上,两臂轻轻靠紧身体。整个人体向上挺拔站立(图7-44)。

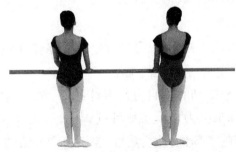

图7-44

（二）单手扶把

动作要求:两脚后跟并拢,脚尖外开呈一字(一位脚)或前后重叠摆放(五位脚),双腿内侧肌肉用力收紧,使脚尖至两腿大腿根部肌肉上提,身体距把杆约20厘米的距离,一只手搭在把杆上,另一只手叉腰或一位准备(图7-45)。

（三）把上动作的准备姿态

把上动作有以下几种准备姿态。

1. 双手扶把

双手扶把时,双脚呈一位站立,眼睛平视前方。

图 7-45

2. 单手扶把

左手扶把时,右手呈一位或叉腰状,脚呈正面(右脚在前)的五位或一位摆放,头转向身体二点方向,即右前方45°角。

右手扶把时,左手呈一位或叉腰状,脚呈反面(左脚在前)的五位或一位摆放,头转向身体八点方向,即左前方45°角。

(四)扶把时的动作规律

1. 方向

当单手扶把的动作时,靠近把杆的一侧称为内侧,另一侧称为外侧。小腹的正前方称为"前",后背的正后方称为"后"。

2. 正面、方面

以右腿为动力腿做动作的面称为正面。

以左腿为动力腿做动作的面称为反面。

(五)扶把训练的注意事项

(1)开始训练时可以双手扶把,以帮助控制身体姿势及稳定性,经过一段时间练习后,能力得到提高,可开始单手扶把的练习。

(2)在扶把训练中,根据训练者自身的身体条件,结合其实际情况,注意力量与软度的训练。同时重视和加强力量及柔韧性的训练,可以强化训练者的肌肉收缩能力、关节肌肉组织和韧带的柔韧性,使稳定性、控制力和灵活性等素质得以提高。

(3)在把杆训练中,注意气息的支点。芭蕾基训中呼吸的运用,影响着整体运动的过程,也直接影响动作的流畅,因此,在训练中让练习者学会科学的呼吸方法并找到气息的支点是十分重要的。从基础开始做起,从把杆训练开始,练习者要在训练之中形成一种惯性。

(4)在训练过程中,注意主力腿的姿势和稳定。注意支撑腿的站立姿势,能确保人体的稳定性增强。

二、压脚背

(1)准备姿态:双手扶把,主力脚外开站立,动力脚绷脚尖,动力腿保持外开,放置动力腿的外侧,两脚的脚踝处紧贴在一起(图 7-46)。

图 7-46

(2) 音乐:2/4,中速。
(3) 动作组合:4×8 拍。
① 第 1×8 拍。
1~2 拍:主力腿半蹲,使动力脚脚背受力。
3~4 拍:主力腿站直,使动力脚脚背部分放松。
5~8 拍:重复以上四拍的动作。
② 第 2×8 拍~第 4×8 拍。
重复以上动作(图 7-47)。

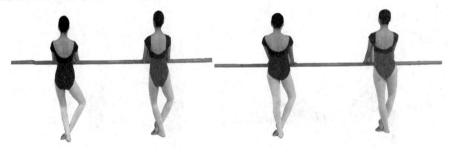

图 7-47

三、压腿

(一) 压前腿

(1) 准备姿态:身体与把杆呈 45°角站立,左(右)手扶把,右(左)手放在三位,将动力腿保持外开放在把杆上,身体正面冲向动力腿(图 7-48)。

图 7-48

(2) 音乐:4/4,中速。

(3) 动作组合:16×8拍。

① 第1×8拍。

1~4拍:保持上身的挺拔,向下压腿。

5~8拍:用手臂带动上身立起至准备姿态。

② 第2×8拍~第8×8拍。

1~8拍:重复以上动作。

③ 第9×8拍。

1~4拍:保持上身的挺拔,向下压腿。

5~8拍:保持上一姿势不动。

④ 第10×8拍~第12×8拍。

1~8拍:保持不动至第12八拍。

⑤ 第13×8拍。

1~4拍:保持上身的挺拔,向下压腿。

5~8拍:用手臂带动上身立起至准备姿态。

⑥ 第14×8拍~第16×8拍。

1~8拍:重复以上动作(图7-49)。

(左腿相同要求)

图7-49

(二) 压旁腿

(1) 准备姿态:双腿保持外开,左(右)腿外开站立,右(左)腿保持外开放在把杆上,与身体呈一平面,左(右)手扶把,右(左)手至三位(图7-50)。

图7-50

(2) 音乐:4/4,中速。

(3) 动作组合:16×8拍。

① 第1×8拍。

1~4拍:保持上身的挺拔,向下压腿。

5~8拍:用手臂带动上身立起至准备姿态。

② 第2×8拍。

1~8拍:重复以上动作。

③ 第3×8拍。

1~4拍:保持上身的挺拔,向下压腿。

5~8拍:保持上一姿势不动。

④ 第4×8拍~第12×8拍。

1~8拍:保持不动。

⑤ 第13×8拍。

1~4拍:保持上身的挺拔,向下压腿。

5~8拍:用手臂带动上身立起至准备姿态。

⑥ 第14×8拍~第16×8拍。

1~8拍:重复以上动作(图7-51)。

(左腿相同要求)

图7-51

(三) 压后腿

(1) 准备姿态:双腿保持外开,左(右)腿外开站立,右(左)腿保持外开向身体后方伸出并放在把杆上,左(右)手扶把,右(左)手至三位(图7-52)。

图7-52

(2) 音乐:4/4,中速。

(3) 动作组合:16×8拍。

① 第1×8拍。

1~4拍:保持上身的挺拔,主力腿半蹲。

5~8拍:主力腿伸直立起,还原至准备姿态(图7-53)。

图7-53

② 第2×8拍~第4×8拍。

1~8拍:重复以上动作。

③ 第5×8拍。

1~4拍:保持两腿准备姿势不动,向后下腰。

5~8拍:上身还原至准备姿态(图7-54)。

图7-54

④ 第6×8拍~第8×8拍。

1~8拍:保持不动。

⑤ 第9×8拍。

1~4拍:保持上身的挺拔,主力腿半蹲。

5~8拍:主力腿伸直立起至准备姿态(图7-55)。

图 7-55

⑥ 第 10×8 拍~第 12×8 拍。

1~8 拍:重复上一个八拍的动作。

⑦ 第 13×8 拍。

1~4 拍:上身下后腰的同时,主力腿半蹲。

5~8 拍:还原至准备姿态(图 7-56)。

图 7-56

⑧ 第 14×8 拍~第 16×8 拍。

1~8 拍:重复上一个八拍的动作。

(左腿与右腿要求相同)

四、踢腿

(一)踢前腿

(1)准备姿态:左(右)手扶把,右(左)手一位,一位脚,四拍准备时间(图 7-57)。

5~6 拍将右(左)手由一位打开至二位,右(左)脚后擦,7~8 拍右(左)手打开至七位。

(2)音乐:2/4,快速。

(3)动作组合:8×8 拍。

① 第 1×8 拍。

1~2 拍:右(左)脚经过一位向身体前的上方踢起(图 7-58)。

3~4 拍:右(左)脚经过一位还原至准备拍 7~8 拍的姿态。

5~8 拍:重复以上四拍的动作。

② 第 2×8 拍 ~ 第 8×8 拍。

1~4 拍:重复踢前腿的动作。

5~8 拍:收回至准备姿态。

图 7-57　　　　　图 7-58

(二) 踢旁腿

(1) 准备姿态:左(右)手扶把,右(左)手一位,一位脚,四拍准备时间(图 7-59)。5~8 拍将右(左)手由一位打开至二位,右(左)脚左(右)后擦。

(2) 音乐:2/4,快速。

(3) 动作组合:8×8 拍。

① 第 1×8 拍。

1~2 拍:右(左)脚经过一位向身体正旁(把杆外侧)的上方踢起(图 7-60)。

3~4 拍:右(左)脚经过一位还原至准备拍准备的姿态。

5~8 拍:重复以上四拍的动作。

② 第 2×8 拍 ~ 第 8×8 拍。

1~4 拍:重复踢旁腿的动作。

5~8 拍:收回至准备姿态。

图 7-59　　　　　图 7-60

(三) 踢后腿

(1) 准备姿态:左(右)手扶把,右(左)手一位,一位脚,四拍准备时间(图7-61)。5~6拍将右(左)手由一位打开至二位,右(左)脚左(右)前擦,7~8拍右(左)手打开至七位。

(2) 音乐:2/4 欢快。

(3) 动作组合:8×8拍。

① 第1×8拍。

1~2拍:右(左)脚经过一位向身体正后方的上方踢起(图7-62)。

3~4拍:右(左)脚经过一位还原至准备拍7~8拍的姿态。

5~8拍:重复以上四拍的动作。

② 第2×8拍~第8×8拍。

1~4拍:重复踢后腿的动作。

5~8拍:收回至准备姿态。

图7-61　　　　　　　图7-62

五、肩部(开肩)

动作要求:同学A双腿分开与肩同宽面对把杆站立。双臂打开与肩同宽,放在把杆上,使小臂接近肘关节处放在把杆上。同学B的十指交叉放在同学A的两肩胛骨中间的部位,将力量集中在手腕上发力(图7-63)。

注意:同学A的上身放松,双腿伸直,同学B逐渐加大力度向下压。

六、腰部

(一) 挤腰

动作要求:同学A双手手心向前抬至头顶,靠紧把杆向下下腰,将身体放松,双腿的膝盖尽量伸直,绷脚尖。同学B的双手抓住同学A的大臂靠紧肘部处,使同学A的双臂保持与肩同宽的距离向下匀速压(图7-64)。

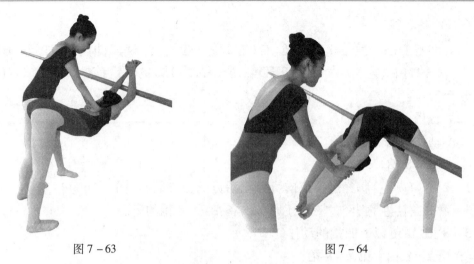

图 7 – 63　　　　　　　　　　　　图 7 – 64

（二）慢下腰

（1）准备姿态：双手扶把，一位脚站立，四拍时间准备。5～6拍双脚并拢，7～8拍双腿双脚分开与肩同宽（图 7 – 65）。

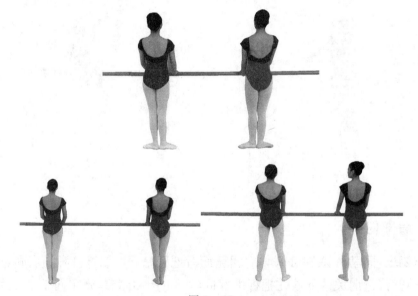

图 7 – 65

（2）音乐：4/4，中速。

（3）动作组合：8×8拍。

① 第1×8拍～第4×8拍。

1～8拍：向后下腰。

1～8拍：还原。

1～8拍：向后下腰。

1～8拍：还原（图 7 – 66）。

② 第 5×8 拍~第 6×8 拍。

1~4 拍:向后下腰。

5~8 拍:还原。

1~4 拍:向后下腰。

5~8 拍:还原。

③ 第 7×8 拍~第 8×8 拍。

1~2 拍:向后下腰。

3~4 拍:还原。

5~6 拍:向后下腰。

7~8 拍:还原。

1~2 拍:向后下腰。

3~4 拍:还原。

5~6 拍:向后下腰。

7~8 拍:还原。

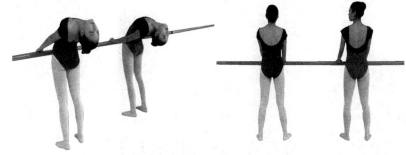

图 7-66

(三) 甩腰

(1) 准备姿态:左(右)手扶把,一位脚站立,右(左)手一位,四拍时间准备。5~6 拍双脚并拢,右(左)手至二位,7~8 拍双腿双脚分开与肩同宽,右(左)手至二位(图 7-67)。

图 7-67

(2) 音乐:2/4,快速。

(3) 动作组合:8×8拍。

① 第1×8拍。

1拍:向后下腰。

2~4拍:保持1拍的姿势不动。

5拍:还原至准备姿态。

6~8拍:保持5拍的姿势不动。

② 第2×8拍~第8×8拍。

1~8拍:重复上一个八拍的动作(图7-68)。

图7-68

第六节　把上组合练习

芭蕾基训的把上组合练习,主要有:Releve、脚位组合、Battement tendu A、Plie、Battement tendu B、Battement tendu jete、Rond de jambe、Battement foudu、Battement frappe、Adagio、Grand battement jete等组合,通过把上组合系统的训练,使身体的稳定性进一步提高,身体的柔韧性、灵活性也随之得到锻炼。

一、Releve 组合

(1) 准备姿态:双手扶把,一位站立,双腿膝盖收紧(图7-69)。

(2) 音乐:4/4,慢速。

(3) 动作组合:8×8拍。

① 第1×8拍~第4×8拍。

1~8拍:由一位慢慢 releve 到最高点。

1~8拍:脚后跟慢慢下降到准备姿态。

1~8拍:由一位慢慢 releve 到最高点。

1~8拍:脚后跟慢慢下降到准备姿态。

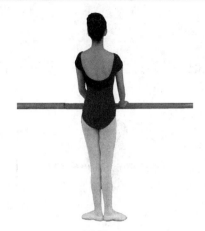

图 7-69

② 第 5×8 拍~第 8×8 拍。

1~4 拍：由一位慢慢 releve 到最高点。

5~8 拍：脚后跟慢慢下降到准备姿态。

1~4 拍：由一位慢慢 releve 到最高点。

5~8 拍：脚后跟慢慢下降到准备姿态。

1~2 拍：由一位慢慢 releve 到最高点。

3~4 拍：脚后跟慢慢下降到准备姿态。

5~6 拍：由一位慢慢 releve 到最高点。

7~8 拍：脚后跟慢慢下降到准备姿态。

1~2 拍：由一位慢慢 releve 到最高点。

3~4 拍：脚后跟慢慢下降到准备姿态。

5~6 拍：由一位慢慢 releve 到最高点。

7~8 拍：脚后跟慢慢下降到准备姿态（图 7-70）。

注意：整个过程要慢，不能偏移重心，非常缓慢地上升下降。

图 7-70

二、扶把脚位练习组合

（1）准备姿态：双手扶把，一位站立，双腿膝盖收紧（图7-71）。

图7-71

（2）音乐：4/4，慢速。

（3）动作组合：12×8拍。

① 第1×8拍~第2×8拍（图7-72）。

1~4拍：一位脚站立保持，重心在两脚之间，不能偏移。

5~6拍：右脚tendu向旁，重心在左脚。

7~8拍：右脚脚后跟落下，变二位脚，重心回到两脚间。

1~4拍：二位脚站立保持。

5~6拍：移重心到左脚。

7~8拍：右脚tendu收三位脚，重心回到两脚中间。

② 第3×8拍~第4×8拍。

1~4拍：三位脚站立保持。

5~6拍：移重心到左脚，右脚tendu向前。

7~8拍：落脚跟成四位脚，重心回到两脚间。

1~4拍：四位脚站立保持。

5~6拍：移重心到左脚。

7~8拍：右脚tendu收五位脚，重心回到两脚。

③ 第5×8拍~第6×8拍。

1~4拍：五位脚站立保持。

5~6拍：移重心到左脚。

7~8拍：右脚tendu出旁，收一位脚，重心回到两脚之间。

1~8拍：保持一位脚，姿态不动。

④ 第7×8拍~第12×8拍（图7-73）。

同上：左脚做相反的动作，6个八拍。

图 7-72

注意：

（1）四位脚要注意胯部要保持平行，左右胯两点一条线；

（2）整个过程上身都必须保持基本站姿的上身姿态；

（3）变化脚位时不能低头看脚，双腿臀部都要收紧。

三、Battement tendu A（一位擦地组合）

（1）准备姿态：双手扶把，一位脚站立（图7－73）。

（2）音乐：4/4，中速。

（3）动作组合：8×8拍。

① 第1×8拍～第4×8拍（图7－74）。

1～4拍：右脚 tendu 向旁。

5～8拍：收回到一位脚。

1～4拍：右脚 tendu 向旁。

5～8拍：收回到一位脚。

1～4拍：左脚 tendu 向旁。

5～8拍：收回到一位脚。

1～4拍：左脚 tendu 向旁。

5～8拍：收回到一位脚。

图7－73

② 第5×8拍～第8×8拍。

1～4拍：右脚 tendu 向前，头转向右45°，下巴微抬，上身重心向后。

5～8拍：收回到一位脚。

1～4拍：左脚 tendu 向前，头转向左45°，下巴微抬，上身重心向后。

5～8拍：收回到一位脚。

1～4拍：右脚 tendu 向后，头转向左45°，下巴微收，上身重心向前。

5～8拍：收回到一位脚。

1～4拍：左脚 tendu 向后，头转向右45°，下巴微收，上身重心向前。

5～8拍：收回到一位脚。

注意：tendu 时，胯要保持外开，不能松，保持髋部中正，擦地向旁，逐渐绷直中间不能停顿，不能用大拇指和小拇指点地，要用脚趾的中间部分点地，脚后跟应用力往前顶。这个训练可以拉长我们腿部的肌肉线条，让腿部线条匀称修长。

四、Plie（蹲组合）

（1）准备姿态：左（右）手扶把，一位脚站立，准备动作四拍（图7－75）。

（2）音乐：4/4，中速。

（3）动作组合：16×8拍。

图 7-74

图 7-75

① 第1×8拍~第4×8拍(一位 plie,图 7-76)。

1~2拍:一位半蹲(dimi plie)一次,右(左)手在七位。

3~4拍:收回,右(左)手在七位。

5~6拍:一位半蹲(dimi plie)一次,右(左)手在七位。

7~8拍:收回,右(左)手在七位。

1~2拍:开始一位深蹲(grand plie),右(左)手由一位至二位。

3~4拍:一位深蹲(grand plie),右(左)手变为七位。

5~6拍:由一位深蹲(grand plie)变为一位半蹲(dimi plie),右(左)手至一位。

7拍:双腿站直,右(左)手至二位。

8拍:右(左)手打开至七位。

1~8拍:一位上的立半脚尖releve(眼睛看二位方向),右(左)手保持七位。

1~4拍:双脚的脚后跟落下,右(左)手保持七位。

5~6拍:右(左)脚向旁tendu,右(左)手保持七位。

7~8拍:右(左)脚至二位,右(左)手至一位。

图7-76

② 第5×8拍~第8×8拍(二位plie,图7-77)。

1~2拍:二位半蹲(dimi plie)一次,右(左)手在七位。

3~4拍:收回,右(左)手在七位。

5~6拍:二位半蹲(dimi plie)一次,右(左)手在七位。

7~8拍:收回,右(左)手在七位。

1~2拍:开始二位深蹲(grand plie),右(左)手由一位至二位。

3~4拍:二位深蹲(grand plie),右(左)手变为七位。

5~6拍:由二位深蹲(grand plie)变为二位半蹲(dimi plie),右(左)手至一位。

7拍:双腿站直,右(左)手至二位。

8拍:右(左)手打开至七位。

1~8拍:二位上的立半脚尖releve(眼睛看二位方向),右(左)手保持七位。

1~4拍:双脚的脚后跟落下,右(左)手保持七位。

5~6拍:右(左)脚向旁tendu,右(左)手保持七位。

7~8拍:右(左)脚至五位,右(左)手至一位。

③ 第9×8拍~第12×8拍(五位plie,图7-78)。

1~2拍:五位半蹲(dimi plie)一次,右(左)手在七位。

3~4拍:收回,右(左)手在七位。

图 7-77

5~6 拍:五位半蹲(dimi plie)一次,右(左)手在七位。

7~8 拍:收回,右(左)手在七位。

1~2 拍:开始五位深蹲(grand plie),右(左)手由一位至二位。

3~4 拍:五位深蹲(grand plie),右(左)手变为七位。

5~6 拍:由五位深蹲(grand plie)变为五位半蹲(dimi plie),右(左)手至一位。

7 拍:双腿站直,右(左)手至二位。

8 拍:右(左)手打开至七位。

1~8 拍:五位上的立半脚尖 releve(眼睛看二方向),右(左)手保持七位。

1~4 拍:双脚的脚后跟落下,右(左)手保持七位。

5~6 拍:右(左)脚向旁 tendu,右(左)手保持七位。

7~8 拍:右(左)脚至四位,右(左)手至一位。

图 7-78

④ 第 13×8 拍~第 16×8 拍(四位上的 plie,图 7-79)。

1~2 拍:四位半蹲(dimi plie)一次,右(左)手在七位。

3~4 拍:收回,右(左)手在七位。

5~6 拍:四位半蹲(dimi plie)一次,右(左)手在七位。

7~8 拍:收回,右(左)手在七位。

1~2 拍:开始四位深蹲(grand plie),右(左)手由一位至二位。

3~4 拍:四位深蹲(grand plie),右(左)手变为七位。

5~6 拍:由四位深蹲(grand plie)变为四位半蹲(dimi plie),右(左)手至一位。

7 拍:双腿站直,右(左)手至二位。

8 拍:右(左)手打开至七位。

1~8拍:四位上的立半脚尖releve(眼睛看二位方向),右(左)手保持七位。

1~4拍:双脚的脚后跟落下,右(左)手保持七位。

5~6拍:右(左)脚向旁tendu,右(左)手保持七位。

7~8拍:右(左)脚至一位,右(左)手至一位,回准备姿态。

图7-79

五、Battement tendu B(五位擦地组合)

(1)准备姿态:左(右)手扶把,右(左)手在一位,右(左)脚在前五位脚站立。四拍音乐准备,手由一位,经过二位,打开至七位(图7-80)。

图7-80

(2)音乐:2/4,中速。

(3)动作组合:8×8拍。

① 第1×8拍~第4×8拍(图7-81)。

1~2拍:右脚tendu向前,手七位保持,头转向二点。

3~4拍:收回前五位脚,手七位保持,头保留在二点。

5~8拍:重复以上四拍的动作。

1~2拍:右脚tendu向旁,头回正面。

3~4拍:收回前五位脚。

5~6拍:右脚tendu向旁,头保持在正面。

7~8拍:收回后五位脚。

1~2拍:右脚tendu向后,头向二点。

3~4拍:收回后五位脚。

5~8拍:重复以上四拍的动作。

1~2拍:右脚tendu向旁(头回正面)。

3~4拍:收回后五位脚,手七位保持,头保留在二点。

5~6拍:右脚tendu向旁。

7~8拍:右脚收前五位。

② 第5×8拍~第8×8拍。

1~2拍:右脚tendu向前,手七位保持,头转向二点。

3~4拍:右脚保持外开、直腿勾脚尖,脚后跟着地,同时左腿保持外开半蹲。

5~6拍:还原至1~2拍的动作。

7~8拍:右脚收前五位。

1~8拍:重心移至右腿,腿脚向后做上一个八拍的动作。

1~2拍:重心移回至左腿,右脚tendu向旁,手七位保持,头转向一点。

3~4拍:右脚保持外开、直腿勾脚尖,脚后跟着地,同时左腿保持外开半蹲。

5~6拍:还原至1~2拍的动作。

7~8拍:右脚收后五位。

1~6拍:左脚上一个八拍中1~6拍的动作。

7~8拍:右脚收前五位,手收回一位,结束组合动作。

图 7-81

六、Battement tendu jete(小踢腿组合)

(1) 准备动作:左(右)手扶把,右(左)手在一位,右(左)脚在前五位脚站立。四拍音乐准备,手由一位,经过二位,打开至七位(图 7-82)。

图 7－82

（2）音乐:2/4。

（3）动作组合:8×8拍。

① 第1×8拍～第4×8拍。

1～4拍:右(左)脚向前 jete,脚尖距离地面15cm。

5～8拍:收回前五位。

1～4拍:右(左)脚向旁 jete,脚尖距离地面15cm。

5～8拍:收回后五位。

1～4拍:右(左)脚向后 jete,脚尖距离地面15cm。

5～8拍:收回后五位。

1～4拍:右(左)脚向旁 jete,脚尖距离地面15cm。

5～8拍:收回前五位。

② 第5×8拍～第8×8拍。

1～2拍:右(左)脚向前 jete,脚尖距离地面15cm。

3～4拍:收回前五位。

5～6拍:右(左)脚向前 jete,脚尖距离地面15cm。

7～8拍:收回前五位。

1～2拍:右(左)脚向旁 jete,脚尖距离地面15cm。

3～4拍:收回前五位。

5～6拍:右(左)脚向旁 jete,脚尖距离地面15cm。

7～8拍:收回后五位。

1～2拍:右(左)脚向后 jete,脚尖距离地面15cm。

3～4拍:收回后五位。

5~6拍:右(左)脚向后jete,脚尖距离地面15cm。

7~8拍:收回后五位。

1~2拍:右(左)脚向旁jete,脚尖距离地面15cm。

3~4拍:收回后五位。

5~6拍:右(左)脚向旁jete,脚尖距离地面15cm。

7~8拍:收回前五位,结束组合。

七、Rond de jambe(划圈组合)

(1) 准备动作:左(右)手扶把,右(左)手在一位,右(左)脚在一位脚站立。四拍音乐准备,手由一位,经过二位,打开至七位(图7-83)。

(2) 音乐:3/4,中速。

图7-83

(3) 组合动作:16×3拍。

① 第1×3拍~第8×3拍(图7-84)。

1~3拍:右(左)腿向前tendu。

1~2拍:由前划至旁。

3拍:收至一位。

1~3拍:右(左)腿向后tendu。

1~2拍:由后划至旁。

3拍:收至一位。

1~3拍:右(左)腿前擦。

1~2拍:右(左)腿由前向后划1/2圈。

3拍:收至一位。

1~3拍:右(左)腿后擦。

1~2拍:右(左)腿由后向旁划1/2圈。

3拍:收至一位。

② 第9×3拍~第16×3拍。

1~3拍:右(左)腿向前抬起至空中90°。

1~3拍:右(左)腿由前抬起至空中90°划至旁。

1~3拍:右(左)腿由旁向后划。

1~3拍:右(左)脚点地后收至一位。

1~3拍:右(左)腿向后抬起至空中90°。

1~3拍:右(左)腿由后抬起至空中90°划至旁。

1~3拍:右(左)腿由旁向前划。

1~3拍:右(左)腿脚尖点地前收至一位。

图 7-84

八、Battement foudu(单腿蹲)

(1)准备姿态:左(右)手扶把,右(左)手一位,五位脚站立,四拍准备时间,右(左)手由一位经过二位,打开至七位,头转向二点(图7-85)。

(2)音乐:4/4。

(3)组合动作:8×8拍。

① 第1×8拍~第4×8拍(图7-86)。

1~4拍:右(左)腿做前 cou-de-pied,两腿保持外开半蹲。

5~8拍:右(左)腿向前伸出至空中45°,两腿保持外开伸直。

1~4拍:右(左)腿做前 cou-de-pied,两腿保持外开半蹲。

5~8拍:右(左)腿向旁伸出至空中45°,两腿保持外开伸直。

1~4拍:右(左)腿做后 cou-de-pied,两腿保持外开半蹲。

5~8拍:右(左)腿向后伸出至空中45°,两腿保持外开伸直。

1~4拍:右(左)腿做后 cou-de-pied,两腿保持外开半蹲。

5~6拍:右(左)腿向旁伸出至空中45°,两腿保持外开伸直。

图 7-85

7 拍:右(左)脚点地。
8 拍:右(左)脚收回前五位。
② 第 5×8 拍~第 8×8 拍。
1~2 拍:右(左)腿前 pacse,收至左(右)腿的膝盖内侧。
3~4 拍:右(左)腿向前伸出至空中 90°,左(右)腿半蹲。
5~6 拍:左(右)腿伸直,右(左)腿脚尖点地。
7~8 拍:右(左)腿收回至前五位。
1~2 拍:右(左)腿旁 pacse,收至左(右)腿的膝盖内侧。
3~4 拍:右(左)腿向旁伸出至空中 90°,左(右)腿半蹲。
5~6 拍:左(右)腿伸直,右(左)腿脚尖点地。
7~8 拍:右(左)腿收回至后五位。
1~2 拍:右(左)腿后 pacse,收至左(右)腿的膝盖内侧。
3~4 拍:右(左)腿向后伸出至空中 90°,左(右)腿半蹲。
5~6 拍:左(右)腿伸直,右(左)腿脚尖点地。
7~8 拍:右(左)腿收回至后五位。
1~2 拍:右(左)腿旁 pacse,收至左(右)腿的膝盖内侧。
3~4 拍:右(左)腿向旁伸出至空中 90°,左(右)腿半蹲。
5~6 拍:左(右)腿伸直,右(左)腿脚尖点地。
7~8 拍:右(左)腿收回至前五位。
结束:手收回一位,脚五位,眼睛看二点方向。

图 7-86

九、Battement frappe（小弹腿）

（1）准备动作：左（右）手扶把，右（左）手在一位，右（左）脚在前五位脚站立。四拍音乐准备，手由一位，经过二位，打开至七位，右（左）脚，向外收回至前 Cou-de-pied 位置（图 7-87）。

图 7-87

（2）音乐:2/4。

（3）动作组合:12×8拍。

① 第1×8拍~第4×8拍(图7-88)。

1~4拍:小弹腿(battement frappe)向前一次。

5~8拍:右(左)腿收回至准备拍。

1~4拍:小弹腿(battement frappe)向旁一次。

5~8拍:右(左)腿收回后 Cou-de-pied。

1~4拍:小弹腿(battement frappe)向后一次。

5~8拍:右(左)腿收回后 Cou-de-pied。

1~4拍:小弹腿(battement frappe)向旁一次。

5~8拍:右(左)腿收回前 surle-de-pide。

② 第5×8拍~第8×8拍。

1~4拍:小弹腿(Battement frappe)向前一次。

5~6拍:右(左)腿脚尖向前点地。

7~8拍:右(左)腿收回至前 cou-de-pied。

1~4拍:小弹腿(battement frappe)向旁一次。

5~6拍:右(左)腿脚尖向旁点地。

7~8拍:右(左)腿收回后 surle-de-pide。

1~4拍:小弹腿(battement frappe)向后一次。

5~6拍:右(左)腿脚尖向后点地。

7~8拍:右(左)腿收回后 surle-de-pide。

1~4拍:小弹腿(battement frappe)向旁一次。

5~6拍:右(左)腿脚尖向旁点地。

7~8拍:右(左)腿收回前 surle-de-pide。

③ 第9×8拍~第12×8拍。

1~2拍:右(左)腿向后、前各一次勾脚的 surle-de-pide 的位置做 Battement frappe double。

3~4拍:小弹腿(battement frappe)向前一次。

5~6拍:右(左)腿向前、后各一次勾脚的 surle-de-pide 的位置做 Battement frappe double。

7~8拍:小弹腿(battement frappe)向旁一次。

1~2拍:右(左)腿前、后向各一次勾脚的 surle-de-pide 的位置做 Battement frappe double。

3~4拍:小弹腿(battement frappe)向前一次。

5~6拍:右(左)腿向后、前各一次勾脚的 surle-de-pide 的位置做 Battement frappe double。

7拍:小弹腿(battement frappe)向旁一次。

8拍:右(左)腿收至绷脚的前 surle-de-pide。

1~8拍:右(左)腿向后、前勾脚的 surle-de-pide 的位置做 battement frappe double 四次,两拍一次。

1~8拍:右(左)腿向后、前勾脚的 surle-de-pide 的位置做 battement frappe double 八次,一拍一次。

图 7-88

十、Adagio(控制)

(1)准备动作:左(右)手扶把,右(左)手在一位,右(左)脚在前五位脚站立。四拍音乐准备,手由一位,经过二位,打开至七位(图7-89)。

图 7-89

(2)音乐:4/4,慢速。

(3)组合动作:8×8拍。

① 第1×8拍~第4×8拍(图7-90)。

1~4拍:右(左)腿前 pacse,收至左(右)腿的膝盖内侧。

5~8拍:右(左)腿保持腿部外开向前控制90°。

1~4拍:保持90°。

5~6拍:右(左)腿落下,脚尖前点地。

7~8拍:右(左)腿收回前五位。

1~4拍:右(左)腿旁pacse,收至左(右)腿的膝盖内侧。

5~8拍:右(左)腿保持腿部外开向旁控制90°。

1~4拍:保持90°。

5~6拍:右(左)腿落下,脚尖旁点地。

7~8拍:右(左)腿收回后五位。

1~4拍:右(左)腿后pacse,收至左(右)腿的膝盖内侧。

5~8拍:右(左)腿保持腿部外开向后控制90°。

1~4拍:保持90°。

5~6拍:右(左)腿落下,脚尖后点地。

7~8拍:右(左)腿收回后五位。

1~4拍:右(左)腿旁pacse,收至左(右)腿的膝盖内侧。

5~8拍:右(左)腿保持腿部外开向旁控制90°。

1~4拍:保持90°。

5~6拍:右(左)腿落下,脚尖旁点地。

7~8拍:右(左)腿收回前五位。

② 第5×8拍~第8×8拍。

1~4拍:右(左)腿向前直腿控制90°。

5~6拍:控制90°不动。

7拍:右(左)腿落下,脚尖前点地。

8拍:右(左)腿收回前五位。

1~4拍:右(左)腿向旁直腿控制90°。

5~6拍:控制90°不动。

7拍:右(左)腿落下,脚尖旁点地。

8拍:右(左)腿收回后五位。

1~4拍:右(左)腿向后直腿控制90°。

5~6拍:控制90°不动。

7拍:右(左)腿落下,脚尖后点地。

8拍:右(左)腿收回后五位。

1~4拍:右(左)腿向旁直腿控制90°。

5~6拍:控制90°不动。

7拍:右(左)腿落下,脚尖旁点地。

8拍:右(左)腿收回前五位。

图 7-90

十一、Grand battement jete（大踢腿）

（1）准备动作：左（右）手扶把，右（左）手在一位，右（左）脚在前五位脚站立。四拍音乐准备，手由一位，经过二位，打开至七位（图 7-91）。

图 7-91

（2）音乐，2/4，快速。
（3）动作组合：8×8 拍。
① 第 1×8 拍～第 4×8 拍（图 7-92）。
1～2 拍：右（左）腿前 Jete 一次。

3～4拍:点地。

5～8拍:收回前五位。

1～2拍:旁 jete 一次。

3～4拍:点地。

5～8拍:收回前后位。

1～2拍:后 jete 一次。

3～4拍:点地。

5～8拍:收回后五位。

1～2拍:旁 jete 一次。

3～4拍:点地。

5～8拍:收回前五位。

② 第 5×8 拍～第 8×8 拍。

1～2拍:右(左)腿前 jete 一次。

3～4拍:收回前五位。

5～6拍:前 jete 一次。

7～8拍:收回前五位。

1～2拍:旁 jete 一次。

3～4拍:收回前五位。

5～6拍:旁 jete 一次。

7～8拍:收回后五位。

1～2拍:后 jete 一次。

3～4拍:收回后五位。

5～6拍:后 jete 一次。

7～8拍:收回后五位。

1～2拍:旁 jete 一次。

3～4拍:收回后五位。

5～6拍:旁 jete 一次。

7～8拍:收回前五位。

图 7－92

第七节 中间练习

一、手位练习

(一) 手型

基本手型:双手自然并拢,食指向上抬起,大拇指向中指靠拢,女生保持3厘米的距离,男生保持约5厘米的距离(图7-93)。

(二) 手位

(1) 一位。双手自然下垂,向内弯曲,手心向上,两手中指接近靠拢,两肘呈弧形,手到大腿的距离约3~5厘米,两手中指指尖约10厘米的距离(图7-94)。

图7-93　　　　　　　　　　　图7-94

(2) 二位。在一位手的基础上,双手手臂保持一位手的弧度与形状,向上同时向前抬起胃部下方,以小指、手肘为支撑点端平,双肘比一位手略弯(图7-95)。

(3) 三位。在一位手的基础上向上抬,肘网旁打开,指尖相对,眼睛往上看到手(图7-96)。

图7-95　　　　　　　　　　　图7-96

(4) 四位。一只手在二位手的位置上,另一只手在三位手的位置上(图7-97)。

(5) 五位。在四位手的基础上,将动力手(即在二位上的手),向旁打开至七位手的位置,另一只手保持三位不动(图7-98)。

图 7 – 97

图 7 – 98

(6) 六位。一只手在七位保持不变,另一只手从三位保持手臂的弧度及形状向下垂直落下至二位(图 7 – 99)。

图 7 – 99

(7) 七位。双手的手臂呈弧形,在身体两侧打开抬起至二位手的水平面上,使两只手臂之间形成一个半圆的形状,两肩膀至之间呈一自然下滑的弧线(图 7 – 100)。

图 7 – 100

注意:结束手位练习时,双手从七位划一个小半圈,呼吸,手心朝下,向两边伸长后,胳膊肘先弯曲下垂,逐渐收回到一位结束(图7-101)。

图 7 - 101

二、脚位

(一)脚位

(1)一位。在正步的基础上,以脚后跟为轴,紧贴地面,不能向前或者向后偏重心(倒脚),两脚跟相贴,成一直线,重心在两腿上(图7-102)。

(2)二位。两脚外开站平,两脚后跟之间为一个脚的距离,重心在两腿之间(图7-103)。

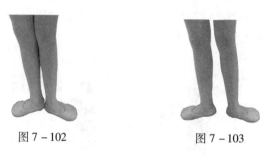

图 7 - 102　　　　　图 7 - 103

(3)三位。主力腿外开站立,动力腿脚跟(外开)放在支撑腿脚的中间,双脚相互紧贴,前脚遮住后脚的一半(图7-104)。

(4)四位。两脚外开平行前后站,重心在两腿上,前脚脚尖对准后脚脚后跟,两脚间隔一个脚的距离(图7-105)。

(5)五位。从四位的基础上,前脚向后收,两脚贴紧(图7-106)。

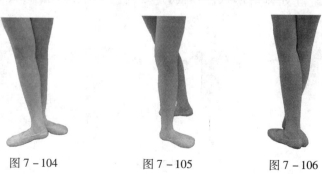

图 7 - 104　　　　图 7 - 105　　　　图 7 - 106

三、舞姿练习

（1）准备姿态：一位手、右脚在前五位脚站立,面向八点,头向一点。

（2）音乐：4/4,缓慢。

（3）动作组合：4×8拍。

① 第1×8拍。

1～2拍：双腿半蹲,看二点下方。

3～4拍：主力腿保持半蹲,右脚前擦,双手至二位。

5拍：四位半蹲。

6～7拍：起身的同时中心移向右腿,手呈正面的五位手。

8拍：左脚收回。

② 第2×8拍。

1～2拍：右脚旁擦,手变为七位,身体面向一点。

3～4拍：二位蹲,手保持七位,身体面向一点。

5～6拍：重心移至右腿。

7～8拍：身体转向二点,手收回一位,头向一点。

③ 第3×8拍。

1～2拍：双腿半蹲,看八点下方。

3～4拍：主力腿保持半蹲,左脚前擦,双手至二位。

5拍：四位半蹲。

6～7拍：起身的同时重移向左腿,手呈反面的五位手。

8拍：右脚收回。

④ 第4×8拍。

1～2拍：左脚旁擦,手变为七位,身体面向一点。

3～4拍：二位蹲,手保持七位,身体面向一点。

5～6拍：重心移至左腿。

7～8拍：身体转向二点,手收回一位,头向一点（图7-107）。

图7-107

四、Saute（小跳）

（1）准备姿态：一位手,一位脚站立,面向一点。

（2）音乐：2/4,快速。

（3）动作组合：1×8拍。

1～4拍：后背保持直立,双腿半蹲。

5拍：保持双腿的外开,双脚脚后跟向上推,绷脚尖使脚部离开地面,双腿膝盖伸直。

6拍：落地,呈半蹲的姿态。

7~8拍:双腿伸直呈准备姿态(图7-108)。

注意:

(1) 跳起时,两脚均绷脚尖。

(2) 后背始终保持直立并使后背向上拔高。

(3) 跳起时速度要快、稳,跳起的瞬间脚尖绷直。

五、放松练习

放松练习,能够帮助放松肌肉,消除肌肉疲劳,精神的紧张,调整呼吸。

图7-108

(1) 准备姿态:一位手、右脚在前五位脚站立,面向一点。

(2) 音乐:4/4,缓慢。

(3) 动作组合:2×8拍。

① 第1×8拍。

1~2拍:手由一位到二位,头看右手手心。

3~4拍:手由二位到三位,头跟着手。

5~6拍:双手慢慢到七位,头跟着手。

7~8拍:上身弯下呼气,双腿收紧,弯腰同时手回到一位,身体直立。

② 第2×8拍。

1~2拍:手由一位到二位,头看左手手心。

3~4拍:手由二位到三位,头跟着手。

5~6拍:双手慢慢到七位,头跟着手。

7~8拍:上身弯下呼气,双腿收紧,弯腰同时手回到一位,身体直立。

【学习小结】

通过本章的学习,应重点掌握以下的学习内容:

(1) 手位及脚位。

(2) 地面素质训练单一动作及组合。

(3) 把上组合的核心动作。

(4) 中间练习的动作要领。

【自我检测】

(1) 柔韧性测试。

(2) 弹跳力测试。

(3) 平衡能力测试。

学习单元八
纤体瑜伽——强化内涵

学习目标

通过本单元学习,应该达到以下目标:

素质目标　通过瑜伽训练,树立形体塑造的自信心,使心态更加平和,提高自我调控的能力,与他人和平相处,更好地适应社会。

知识目标　了解和掌握瑜伽的基本知识、初级体式,掌握瑜伽塑身的基本原理和方法、健身效果的自我评价,用科学的理论知识指导实践。

能力目标　通过瑜伽初级体式训练,使力量、柔韧、协调等主要素质得到全面提高;培养优美体态和良好气质,塑造美的形体;掌握不同瑜伽体式针对身体不足的专项纠正,具备良好的自我修塑能力。

Yoga(瑜伽)一词是从印度梵语音译而来,其含义为"一致"、"联合"、"结合"。5000多年前,圣哲们经常在深山中静坐、观想,来吸取自然万物的能量,从直觉了悟生命的认知,进入心神合一的最高境界。在长时间的修行中,先哲们观察到生物在受伤后有自愈功能,便将生物的生存法则验证到人的身上,通过模仿各种动物的姿势,逐步感应身体内部的微妙变化,探索人类维护和保养自己身心的方法。在历经几千年的延续后,渐渐走进人类的日常生活,成为人类尤其女性开启美丽与健康密码的钥匙。

著名印度瑜伽导师艾扬格曾形象地将瑜伽比喻为一颗切割打磨得非常好的钻石,有很多面,每个面都折射出不同颜色的光线,折射着不同的含义,同时也揭示出人类在赢得内心平静与喜悦的过程中的不同层面。瑜伽的确有雕塑身材的神奇效果,它能够给你带来的改变,是你所不能想象的。瑜伽通过伸、拉、扭、挤等动作,配合呼吸和注意力的关注,加速身体部分血液的循环、按摩内脏,打开人体的脉轮,激活全身腺状系统的放松反应,增加关节脊柱的灵活性,舒经活络,修复和平衡人体各种机能,提高身体的敏捷性、均衡性,增加生命的活力和能量,呵护容颜,达到全身的平衡。

瑜伽,不仅能够通过呼吸和体式练习塑造完美身形,更强调对心灵的修持,让我们学会控制自己的身体、行为、思想,使人体态优雅,提高人的气质。

耳边流淌着舒缓的瑜伽轻音乐,配合呼吸,慢慢伸展身体,没有任何压力,身体和心灵的每一寸空间都体验着接纳和超越自我的快乐。

第一节 纤体瑜伽呼吸控制

瑜伽的呼吸控制梵文是：Parnayama，意思含有呼吸的延长和控制的意思。这种对呼吸的控制超越所有呼吸的功能，包括吸气，充盈肺部；呼气，肺部排空；保持呼吸或屏息。

瑜伽的呼吸是纤体瑜伽练习的重要组成部分，也是纤体瑜伽练习能否收到效果的关键所在。正确的瑜伽呼吸方法能够有效地按摩内脏，激活人体脉轮的潜在能量，刺激各种生理腺体良性分泌，更好地洁净身体的一种方法。瑜伽离开了呼吸，忽略内在的训练，就流于表面的肢体柔术表演，毫无意义。因此，正确的瑜伽练习应该先从呼吸控制开始，而不是先从体式练习开始。

呼吸控制是有关呼吸的科学，是生命之轮环绕的中心。瑜伽的呼吸遵从正确的节律，缓慢、深长、稳定地呼吸。这些有节律的呼吸方式能够舒缓神经系统，增强呼吸系统功能，集中人的注意力。瑜伽呼吸是将腹式呼吸和胸式呼吸结合起来完成的，吸气时身体慢慢向上，腹部微微隆起，呼气时身体缓慢向下，腹部收回。随着我们的一吸、一呼，身体会有一起、一伏的变化，流淌平稳，并且循环不止。掌握深长、缓慢、稳定的吸气和呼气需要很长的时间，必须先在老师指导下正确练习。

一、呼吸控制练习

（一）吸气控制练习

吸气是获取宇宙能量，净化身心，使无限的灵性和有限的人体生理相互结合。

仰卧在垫上，左手放在腹部感受吸气时腹部微微上抬，闭上眼睛。胸、两肋和肚脐提起，脊柱伸直。吸气，鼻息，感觉从两肋下，腰的周围开始慢慢吸气，胸部向上方和两侧扩张，意识从脐部上升到胸部上端，感觉到身体的、精神的、心理的层次同上升的意识成为一体，身体、呼吸、意识结合起来。吸气过程中抬胸但不要提肩，身体不要前后或者左右倾斜。耳部、脸部和前额的肌肉要预先放松。

深长、缓慢、流畅的吸气，像将水倒入肺的底部，支气管从气管分出，与肺部的末梢血管相结合，如同水被土壤吸收一样，吸进的能量被体内每一个细胞所接收，浸透体内，给人带来满足感。

（二）呼气控制练习

仰卧在垫上，左手放在腹部，感受呼气时腹部微微收回，闭上眼睛。将脊柱及其两侧提起，呼气的动作从上胸部开始，慢慢地呼气，直到脐部收缩，气完全呼出，身体不要晃动，感受气息在体内慢慢流动，身体要放松，但是不能使背部内侧沉落。深长而缓慢的呼气使大脑神经平静下来。

二、乌加依呼吸控制法

莲花坐(或简易坐),保持后背挺直,低头,下颌紧贴在两锁骨之间,拇指和食指结成同心圆成智慧手印,其他手指自然伸直,双臂伸展,手腕背部落于两膝上。闭上眼睛,向内看。

通过鼻缓慢而深长地吸气,感觉从两肋下,腰的周围开始吸气,慢慢向上充盈肺部,胸部向后提拉,注意不要过于鼓胀腹部。

吸气时上颚感觉到气体的吸入,发出"Sa"的声音。

屏息1~2秒,这种内在的保持叫做内屏息。

稳定、深长而缓慢地呼气,开始呼气时,保持腹部的控制,直到肺部完全排空,横膈膜慢慢放松,气体进一步流出。

呼气时上颚感觉到气体向外流出,发出"Ha"的"海潮音"。

停留1~2秒,这种外在的保持叫做外屏息。

这样完成了一个完整的乌加依呼吸控制的循环。重复这个循环5~8分钟。

仰卧,手、脚自然向两侧打开,休息放松。

第二节　纤体瑜伽基本功法

一、瑜伽的基本站立

一般采用山式站立,如图8-1所示。

(a)

(b)

图8-1　山式站立

直立,两脚距离同胯宽(或两脚并拢),伸展脚趾平铺于地面,腿部绷直,膝盖向上提升,收紧臀部,大腿后部肌肉向内、向上提升,挺胸收腹,颈部正直,手臂自然下垂于身体两侧。注意两脚不要完全并拢,以减少对髋部的压力,使身体重量均匀分布在脚趾和脚后跟上。

功效:养成站立或走路时身体重量均匀分布在两脚上的习惯,避免造成臀部下垂、腹部突出、身体向后倾、脊椎骨紧张疲劳等不足。

二、纤体瑜伽的基本坐姿

1. 自然坐(图8-2)

坐在垫子上,两腿向前伸直,屈膝,双腿弯曲自然盘坐,脊柱挺直,双手合十于胸前。

功效:治疗膝部和踝关节僵硬,增强腹部血液循环,使身心沉静、平和,打开心轮,大脑更加活跃,思维更加清晰。

2. 至善坐(图8-3)

屈左膝,左脚收回,左脚脚后跟抵在右大腿根部内侧。

屈右膝,右脚收回,右腿叠放在左脚踝上,右脚后跟抵住耻骨,右脚放在左腿大腿和小腿之间。

双臂向前伸展,手背放在两膝上,掌心朝上,拇指和食指结成同心圆,其余手指自然伸展,颈部挺直,视线注视鼻尖。

松开双脚放松,换成对侧做,两侧保持相同的时间。

功效:治疗膝部和腿部僵硬,交叉的双腿和挺直的后背使大脑保持觉醒,同时增强腰部和腹部血液循环,从而增强了脊柱下部区域和腹部器官功能。

3. 莲花坐(图8-4)

坐在垫子上,两腿向前伸直,屈右膝,用手抓住右脚放在左大腿上靠近大腿根部,屈左腿,用手抓住左脚放在右大腿上尽量靠近右大腿根部,脚底翻转朝上。脊柱保持挺直,颈部伸展,两手放在两膝上,掌心朝上,拇指和食指结成同心圆,其余手指自然伸直。

呼气,两腿还原放松,换成另一条腿在上,两侧保持相同的时间。

功效:克服最初的膝部疼痛之后,交叉的大腿和挺直的背部使大脑始终保持专注于警醒的状态,治疗膝盖和踝关节僵硬,增强脊柱和腹部器官。

图8-2 自然坐

图8-3 至善坐

图8-4 莲花坐

4. 金刚坐(图 8-5)

跪坐在垫子上,两脚脚趾朝后,臀部坐在两脚掌上,两手臂自然伸展放在大腿上,两手掌重叠,掌心向上,脊柱挺直,颈部伸展。

功效:治疗扁平足,使身心放松,平静祥和。

5. 英雄坐(图 8-6)

跪坐在垫子上,两脚分开约 45 厘米,臀部和大腿后侧着垫,两小腿内侧仅靠大腿外侧,手腕置于膝上,掌心向下,腰背挺直。

功效:治疗扁平足,形成正确的足弓,治疗脚后跟疼痛,缓解胃部坠胀感。

三、瑜伽常用手印

智慧手印(图 8-7)

盘坐在垫子上,两臂向前伸,两手腕置于两膝上,掌心朝上,拇指和食指结成同心圆,其余手指自然伸直。

功效:感觉生命力在身体里流动,思想变得活跃,缓解压力,使人沉静、平和,平衡阴阳两种能量。

图 8-5 金刚坐

图 8-6 英雄坐

图 8-7 智慧手印

第三节 纤体瑜伽全身塑形(拜日式)

拜日式是古印度瑜伽修行者创建的一套瑜伽体式,感谢太阳给予世界万物带来无限的能量。它由 12 个体式组成,是一套非常完整、连贯、全面的身心练习,是伸展、加强、放松身体所有关节、肌肉和内脏器官的综合练习,坚持练习能有效塑造身体完美曲线,保持青春活力。

一、拜日式

1. 祈祷式(图 8-8)

山式站立(两脚站立同胯宽),双手合十于胸前,保持腰背挺直。保持约 30 秒。

功效:建立专心平静的状态,感受脊椎无限地向上延伸舒展,向充满无限能量的太阳获取积极的生命潜能。

2. 双臂伸展式(图8-9)

吸气,手臂向上伸展,呼气,髋关节向前推身体向后伸展,打开心胸,整个身体的前侧舒展开来。眼睛向上看。保持约3~5个呼吸。

吸气,还原成山式站立。

功效:锻炼双肩和上身肌肉,减掉双肩、双臂及腹部脂肪,美化双臂双肩。

3. 加强脊柱前屈伸展式(图8-10)

呼气,身体前屈,双手尝试放在脚两侧的地面,舒展脊柱,臀部稍向前,从而使腿部与地面垂直,腿的后部肌肉拉伸,膝关节舒展,感觉脚后跟到臀部向上提,缓慢地呼气释放身心所有的压力。保持5~7个均匀深长的呼吸。

功效:改善血液循环,增强脊柱的柔韧性;减除腹部多余脂肪;美容面部,使皮肤光泽红润;平和心态,消除抑郁情绪。

图8-8 祈祷式　　　　图8-9 双臂伸展式　　　　图8-10 加强脊柱前屈伸展式

4. 骑马式(图8-11)

吸气,右脚向后迈出一步,右膝、脚背着垫。向后迈开一大步,双腿打开,重心在髋部。

呼气,双臂由前经上向后绕转垂放于身体两侧,同时展胸上半身向后舒展,脊柱的伸长使整个身体前侧打开,保持自然呼吸30秒。

功效:扩展双肩,缓解双肩僵硬;练习胸腰,便于塑造完美的身体曲线;打开髋关节;按摩腹部器官,排毒养颜。

图 8-11 骑马式

5. 下犬式(图 8-12)

右脚前脚掌着垫,呼气,上体还原,手臂由后向前绕回,两手五指分开撑于左脚两侧的垫子上,同肩宽,指尖向前,肘部伸直,左脚向后迈出一大步,双脚平行同胯宽,两腿绷直,脚后跟下压,尽量使脚后跟和脚底完全着垫,脊柱充分伸展挺直。保持这个体式深长地呼吸约 40 秒。

功效:减掉双臂、双腿的赘肉,使其更匀称,塑造手臂和腿的完美线条;根除肩胛骨区域的僵硬;增强腹部肌肉向脊柱方向牵拉;滋养脊柱神经,消除疲劳,恢复精力;缓解脚后跟的僵硬,增加脚踝的力量。

图 8-12 下犬式

6. 脸颊敬畏式(图 8-13)

由下犬式,呼气,双膝着垫,臀部向后,屈肘,身体向前钻,下颌、胸部着垫,保持 5~10 秒。

(a) (b)

图 8-13 脸颊敬畏式

功效:扩展胸部;翘臀;优化身体曲线。

7. 眼镜蛇第一式(图8-14)

由下犬式,呼气,屈膝,双膝着垫,屈肘身体向前钻。

吸气,两手撑垫手臂伸直,从躯干向上伸展身体,胸部打开,仰头眼睛向上看,膝盖绷直,脚背着垫,保持这个体式约30秒,正常地呼吸。

图8-14 眼镜蛇式

功效:扩展胸部;脊柱柔韧性得到增强;美塑臀部;优化身体曲线。

8. 下犬式

呼气,前脚掌着垫,身体收回到下犬式,保持这个体式深长地呼吸约40秒。

9. 骑马式(图8-15)

回到骑马式,按成对侧做。方向相反,吸气,右腿向前迈出一步,左膝、左脚背着垫,保持自然地呼吸约30秒。

图8-15 骑马式

10. 加强脊柱前屈伸展式(图示同8-10)

呼气,双臂经上绕回,两手掌撑在脚两侧垫上,左脚向前收回,还原成体式三,保持5~7个均匀深长的呼吸。

11. 双臂伸展式(图示同8-9)

吸气,手臂向上伸展,呼气,髋关节向前推身体向后伸展,打开心胸,整个身体的前侧舒展开来。眼睛向上看。保持约3~5个呼吸。

吸气,还原成山式站立。

二、头倒立式(图8-16)

跪坐在垫子上,两手十指相扣。

前臂撑在垫子上,两肘距离同肩宽,注意两手掌不要向内或向外倾斜。

膝盖向头部方向移动,头顶放在垫上,使头后部抵住双手掌,注意不要把头后部或者前额放在垫上。

两脚趾向头部靠拢,使双膝从地面抬起。

呼气,两脚同时向上轻轻摆起,两腿离开地面。

慢慢伸展双腿,以头部倒立,只有头顶和前臂着垫,整个身体与地面垂直。保持这个体式2~3分钟,深长地呼吸。

如果可以,试着将右腿绕过左膝,叠放在左大腿上,然后把右脚放在左小腿后,左脚大脚趾勾住左脚脚踝内侧,右腿盘绕在左腿上。保持深长地呼吸。

两腿还原成并拢,换成对侧做,两侧保持相同的时间。

呼气,放松膝盖,两脚慢慢回到地面。

吸气,身体慢慢还原成跪坐在垫子上。

(a)

(b)

图8-16 头倒立式

功效:全身塑形;滋养面部皮肤。

第四节 针对纠正身体不同部位问题的练习体式

一、面部按摩功

面部按摩是用于一节完整的瑜伽修习课的调息后,体式练习之前使用。

1. 滋养皮肤,促进面部血液循环(图8-17)

莲花坐,两手胸前合掌,快速搓热手掌心,轻抚面部、额头,反复2~3次。

图8-17 面部滋养

功效:促进面部血液循环,使脸色红润、健康。

2. 增加面部肌肤弹性

莲花坐,用双手的指腹在脸颊轻轻弹动、按摩,约3分钟。

功效:预防色斑,使面部红润,富有光泽。

二、美颈瑜伽练习

1. 颈部拉伸(图8-18)

莲花坐,智慧手印,呼气,低头向下,吸气还原。

呼气,仰头向后,吸气还原。

呼气,头向右摆,吸气还原。

呼气,头向左摆,吸气还原。反复4次。

功效:提高颈部肌肤弹性。

2. 颈部转动(图8-19)

莲花坐,智慧手印,呼气,转头向右,吸气还原;呼气,转头向左,吸气还原。反复4次。

图 8-18 颈部拉伸

图 8-19 颈部转动

功效：提高颈部灵活性。

三、肩部瑜伽练习

颈部及肩部最接近脸庞，所以最能表现女性气质，但是有些人因为耸肩、高低肩、头前倾等常见问题而苦恼着，以下的纤体瑜伽体式专门纠正肩部存在的问题。

（一）耸肩

耸肩的自我检测：站在镜子前，观察头部与下巴的姿势，下巴应至少高于外侧锁骨 10 厘米,如果小于 5 厘米,而且锁骨直立突出,说明有耸肩或头部前倾的不足。

纠正体式介绍如下。

1. 双角式(图 8-20)

山式站立,吸气,两手体后十指交叉。

呼气,躯干前屈,尽量使两臂向头上方伸展,保持这个体式 30～40 秒。

吸气还原,两手松开,还原成山式站立。

图 8-20 双角式

2. 坐山式(图 8-21)

莲花坐,十指交叉,翻转手腕使掌心向外同时手臂向前平伸,吸气,手臂伸直向头上方伸展,使肩胛骨内收,保持这个姿势 30～50 秒,呼气,放下双臂还原。

图 8-21 坐山式

3. 弓式(图 8-22)

俯卧,呼气,屈膝,两臂向后伸展,左手抓住左脚脚踝,右手抓住右脚脚踝,保持两个呼吸。

呼气,拉动双腿向上离地,同时带动胸部离地,头尽可能向后仰,保持 20～30 秒。

呼气,松开脚踝,身体还原。

图8-22 弓式

（二）高低肩

由于长期习惯性侧肩背包等原因引起的高低肩还可能连带着脊椎的倾斜，周围肌肉产生紧张、不平衡、无力等，持续肌力伸展瑜伽体式训练能够很好地纠正高低肩，恢复美丽的双肩。纠正体式介绍如下。

1. 圣哲玛里琪第三式变式（图8-23）

坐在垫上，两腿向前伸直，屈膝右脚收回，右脚脚后跟靠近大腿根部，右小腿落于左膝外侧与地面垂直。

呼气，脊柱向右侧扭转90°，左肩越过右膝，把左上臂放在右大腿外侧，右手支撑在身体后方的垫子上，吸气保持，呼气，身体进一步扭转，左臂伸直，左手扶左膝外侧，如果可以，两手在体后相握，保持5~9个呼吸。

换成另一侧做，两侧保持相同的时间。

图8-23 圣哲玛里琪第三式变式

2. 眼镜蛇扭转式（图8-24）

俯卧，手掌放在胸两侧的垫子上，吸气，两手撑垫抬起躯干，头向后仰，两腿绷直，吸气保持。

呼气，上体向右扭转，保持这个姿势约30秒，正常呼吸。

吸气，上体转回到正方向，吸气保持，呼气，上体向左扭转，保持这个体式约30秒，正常呼吸。

吸气，上体转回到正方向，呼气，身体还原成俯卧。

图8-24　眼镜蛇扭转式

注意：如果高低肩比较明显，可以在上体转向肩高的一侧时保持更长的时间。

（三）肩部下垂

肩部下垂的纠正体式介绍如下。

半莲花加强背部前屈伸展坐式（图8-25）

坐在垫子上，两腿向强伸直。

屈左膝，左脚收回，左脚放在右大腿上，成半莲花坐。

呼气，左肩向后伸展，左臂绕过背部抓住左脚大脚趾。伸展背部，右臂向前伸展，右手抓住右脚。保持约2个呼吸。

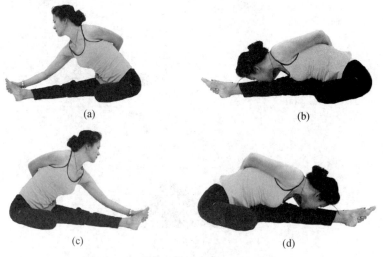

图8-25　半莲花加强背部前屈伸展坐式

呼气，弯曲右肘，身体向前推，腹部、下巴、前额依次贴在右腿上。注意，右腿后侧不要离开地面。保持这个体式 30~50 秒，均匀地呼吸。

吸气，松开双手，身体还原。

换成另一侧做，两侧保持相同的时间。

功效：纠正肩部下垂；锻炼腹部；使膝盖更灵活。

四、纤臂瑜伽练习

手臂肌肉匀称、有弹性是拥有美丽双臂的关键，以下瑜伽体式塑造美丽的纤臂。

1. 斜板式（图 8-26）

俯卧，手掌放于胸两侧的垫上，两脚距离同胯宽，呼气，手掌撑地，双臂伸直，身体离开地面，利用手和脚背保持身体的平衡，双腿、臀部、躯干在一条斜直线上，保持这个体式约 30 秒，正常地呼吸，呼气，身体还原成俯卧。

图 8-26 斜板式

2. 侧板式（图 8-27）

山式站立，身体前屈两手撑垫，两脚向后跳成类似下犬式，整个身体向右倾斜，左手放在左胯上，左脚放在右脚上，仅靠右手和右脚外侧着垫保持身体平衡，整个身体要挺直。

呼气，屈左腿，用左手食指和终止勾住左脚大脚趾，垂直向上拉伸左臂和左腿，双臂、双腿伸直，保持 20~30 秒深长的呼吸。

(a)　　　　　　(b)

图 8-27 侧板式

松开左脚,左脚放回到右脚上,左手放在左臀上,呼气,身体还原成下犬式。
呼气,换成另一侧做,两侧保持相同的时间。

五、塑胸瑜伽练习

塑胸、丰胸是女子形体塑造的不可或缺的重要部分,以下瑜伽体式是典型的塑胸训练体式。

1. 牛面式(图 8 - 28)

坐在垫上,两腿向前伸直,屈左膝,坐在左脚上,抬右腿,将右大腿放在左大腿上,两膝盖上下重叠,两脚脚后跟尽量相靠,右臂在体后屈肘,右前臂在背后尽量向上伸展,使右手与两肩胛骨平,左臂上举。

呼气,屈右肘,两手在背后两肩胛骨之间紧扣,保持颈部和头部挺直,眼睛注视正前方,保持这个姿势 20~30 秒。

吸气,还原,换成对侧做,两侧保持相同的时间。

吸气,手臂还原,两腿向前伸直。

图 8 - 28 牛面式

2. 巴拉瓦伽第一式(图 8 - 29)

坐在垫子上,两腿向前伸直。屈膝,两脚收回,把两脚放在身体右侧,右脚脚踝放在左脚的脚掌上。

呼气,伸直右臂,身体向左转,右手插在左大腿外侧,掌心向下。

图 8 - 29 巴拉瓦伽第一式

呼气,左臂向后摆,屈肘抓住右臂,头向右扭转。保持这个体式30~40秒,深长地呼吸。

吸气,松开双手,身体还原,换成对侧做,两侧保持相同的时间。

六、塑腰瑜伽练习

腰部是女性曲线美的核心,也是最难锻炼的部位,纤细、柔软、有力的腰肢最能使体态呈现出高低起伏的曲线美。因此,腰部的赘肉、松软、硬而无力等常见问题严重影响着身形的美感,以下纤体瑜伽体式针对性地纠正腰部问题,修塑人体完美线条,展现女性阴柔之美。

1. 三角扭转伸展式(图8-30)

山式站立,深吸气跳步分开两腿,两脚相距约1.2米,两臂侧平举,掌心向下,右脚向右转90°,左脚向右转60°。

呼气,身体向右扭转向下,左手掌撑在右脚外侧的垫上,右手臂向天花板方向伸展,掌心向前,转头看右手,两膝盖绷直,右脚脚趾不要离开地面,尽力扭转脊柱充分伸展肩部和肩胛骨,保持这个姿势30~40秒,正常地呼吸。

吸气,身体还原,手臂放下,两脚转向反方向,换成的对侧做,两侧保持相同的时间。

吸气,身体还原,手臂放下,两脚收回,还原成山式站立。

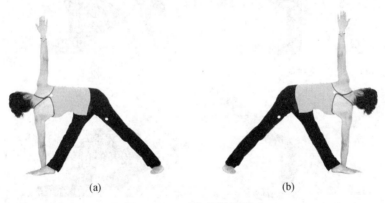

图8-30 三角扭转伸展式

2. 头碰膝前曲伸展坐式(图8-31)

坐在垫子上,两腿向前伸直。两腿向两侧打开,屈左膝,左脚收回,左脚前脚掌抵在右大腿根部内侧。

呼气,身体向左扭转,伸展右臂,右手反抓右脚,身体向后仰,左手抓住右脚外侧。弯曲并扩展双肘。

呼气,进一步翻转身体向上,头放在右膝上,尽力伸展两侧肋骨并将其放在右膝上。

保持这个体式 20～30 秒,由于腹部收紧,可能呼吸会变得短促,尽量正常地呼吸。

吸气,松开双手,身体还原。换成对侧做,两侧保持相同的时间。

图 8-31　头碰膝前曲伸展坐式

3. 虎式(图 8-32)

跪趴在垫子上,手臂和大腿与地面垂直。

吸气,慢慢伸直左腿向后上方伸展,仰头。注意重心不要偏向左,均匀落在左膝和两手掌上。保持 3～5 个均匀的呼吸。

呼气,右腿慢慢还原。

吸气,右腿向前提拉,右膝靠近前额,收腹。

图 8-32　虎式

4. 门闩式(图 8-33)

跪在垫子上,两腿并拢。右腿向右侧伸展,右脚尖向右,右膝绷直,两臂侧平举。

呼气,两臂和躯干向右腿移动,右手放在右脚上。保持两个呼吸。

呼气,两手臂进一步向右腿方向伸展,两臂分别贴近两耳,两手在右脚上叠加,收腹。保持这个体式 30～50 秒,正常地呼吸。

吸气,手臂和身体还原,屈右膝右腿收回。

换成另一侧做,两侧保持相同的时间。

图 8-33 门闩式

功效:纠正腰两侧松弛或脂肪堆积,纤腰;柔软腰部;锻炼腹部。

七、腹部瑜伽训练

脂肪堆积,松弛臃肿的腹部严重影响形体的美感,以下瑜伽体式能有效纠正腹部存在的不足。

1. 完全船式(图 8-34)

坐在地面上,两腿向前伸直。十指交叉放于头后。

呼气,身体稍后仰,同时抬腿,膝盖绷直,脚趾伸直,身体的平衡仅靠臀部维持。两脚的高度与头平行。两手向前平伸,靠近大腿,掌心相对。保持这个体式 20~30 秒,正常地呼吸,不要屏气。

呼气,放下手臂,双腿还原。

图 8-34 完全船式

2. 半船式（图8-35）

坐在地面上，两腿向前伸直。手掌支撑在身体两侧，指尖向前，背部挺直。

呼气，身体稍后仰，同时抬起两腿，膝盖绷直，仅靠臀部支撑在垫上保持身体的平衡，脚尖朝上，脚的高度要超过头部。两手在头后部十指交叉。保持30~40秒，正常地呼吸。

呼气，放下手臂，双腿还原。

图8-35 半船式

八、美背瑜伽练习

拥有线条优美的背部是人体塑形又一重要部分，偏偏背部的修塑与保养常常会被忽略，驼背和背部脂肪较厚是常见的背部问题，以下瑜伽体式用来纠正背部这两个典型的不足，修塑、美化背部线条。

1. 蝗虫式（图8-36）

俯卧，手臂放在身体两侧的垫子上，掌心向上。

呼气，头部、胸部、腿部和手臂同时离开垫子，尽量抬高，只有腹部着垫。臀部收紧，伸展大腿。手臂尽量向后伸展，从而锻炼上背部的肌肉。保持这个体式20~30秒，正常地呼吸。

呼气，还原成俯卧。

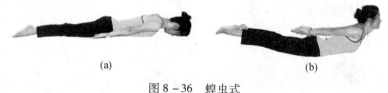

图8-36 蝗虫式

2. 骆驼式（图8-37）

跪在垫子上，如果可以，两大腿和两脚尽量并拢，两手放在臀上。

呼气，两手手掌放在脚后跟上，如果可以，两手手掌尽量放在脚底上，伸展大腿，脊柱后弯，延展肋骨，头向后仰。

手掌下压脚底，臀部收紧，伸展背部，脊柱向大腿方向推，同时大腿始终保持与地面垂直,保持这个体式30～40秒,正常地呼吸。

吸气,身体还原成金刚坐,放松。

图8-37 骆驼式

3. 弓式(图8-38)

俯卧,呼气,屈膝。两臂向后伸展,分别抓住两脚的脚踝,保持两个呼吸。

呼气,拉动双腿向上,双膝离地,同时带动胸部离地,抬头,尽可能向后仰,只有腹部着垫。保持这个体式30～50秒,尽量正常地呼吸。

呼气,松开脚踝,身体还原成俯卧。

图8-38 弓式

九、翘臀瑜伽练习

臀部的下垂、松弛、扁平是常见的臀部不足,影响身体的柔美曲线,以下纤体瑜伽体式纠正臀部不足,修塑浑圆、挺翘的美丽臀部。

1. 战士第一式(图8-39)

山式站立,深吸气跳步分开两腿,两脚相距约1.2米,右脚向右转90°,左脚稍向右转,屈右膝,使右大腿与地面平行(右膝不要超过右脚脚尖),身体转向右,两手胸前合掌。

吸气,手臂向上伸展。

呼气,仰头向后,从尾骨开始伸展脊椎骨,保持这个体式20~30秒,正常地呼吸。

吸气,身体还原,手臂放下,两脚转向反方向,换成对侧做,两次保持相同的时间。

吸气,身体还原,手臂放下,两脚收回,还原成山式站立。

图8-39 战士第一式

2. 幻椅式(图8-40)

山式站立,两手胸前合掌,吸气,手臂向上伸展。

图8-40 幻椅式

呼气,屈膝,放低躯干,使大腿与地面平行。挺胸,身体不要前倾,保持这个体式20~30秒,正常地呼吸。

吸气,伸直双腿,手臂放下,还原成山式。

3. 束角坐式(图8-41)

坐在垫子上,两腿向两侧打开伸直,双腿后补紧贴地面,用食指和中指勾住两脚大脚趾。

吸气,坐直。

呼气,身体慢慢向下,伸展颈部,两手抓住双脚,试着胸部贴在地面上,保持这个体式40~60秒,正常地呼吸。

吸气,身体还原。

呼气,双手抓住右脚,下巴放在右膝上。

吸气,身体还原。

呼气,双手抓住左脚,下巴放在左膝上。

吸气,身体还原,松开双手,两腿并拢放松。

图8-41 束角坐式

十、美腿瑜伽练习

双腿是形体美特征最为显著的部位之一,是女性最美妙的曲线体现,纠正X形、O形腿,去掉大腿和髋部赘肉,修塑匀称、修长、健康挺直的双腿是形体美塑造的最后一个关键曲线。以下纤体瑜伽体式可以纠正腿部不足,增强腿部线条感。

1. 三角伸展式(图8-42)

山式站立,深吸气跳步分开两腿,两脚相距约1.2米,两臂侧平举,掌心向下,右脚向右转90°,左脚向右转45°。

呼气,身体向右侧弯曲,右手掌支撑在右脚外侧的垫子上,左臂向天花板方向伸展,掌心向前,转头看左手,右膝提升,两膝绷直,保持这个体式40~50秒,均匀深长地呼吸。

吸气,身体慢慢还原,手臂放下,两脚转向反方向,换成对侧做,两侧保持相同的时间。吸气,身体还原,手臂方向,两脚收回,还原成山式站立。

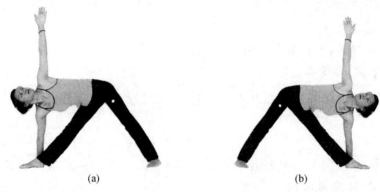

图8-42 三角伸展式

2. 加强侧伸展式(图8-43)

山式站立,深吸气跳步分开两腿,两脚相距约90厘米,右脚向右转90°,左脚向右转约80°,双掌在背部相合,腕部翻转双手指尖朝上尽量接近两肩胛骨的位置。

吸气,身体转向右,头向后仰,呼气,身体前屈,头放在右膝上,两腿绷直,向上提升膝盖,保持这个体式30~40秒,正常呼吸。

缓慢将头部和躯干转向左膝,同时两脚转向反方向,吸气,躯干抬起,头向后仰。

呼气,换成对侧做,两侧保持相同的时间。

吸气,头部回到中心,脚转回向正前方,抬起躯干,两脚收回,还原成山式站立。

图8-43 加强侧伸展式

3. 手抓脚趾站立伸展式(图8-44)

山式站立,两手叉腰,吸气仰头,两膝绷直。

呼气,身体前屈,双手大拇指、食指和中指抓住双脚大脚趾,手掌相对,膝盖绷直。

抬头,伸展脊柱,臀部稍向前从而使腿部与地面垂直。

呼气,躯干靠近腿部,头放在膝盖上,膝盖绷直,膝盖骨上提,充分拉伸两腿后韧带,保持这个体式50秒,深长均匀地呼吸。

吸气,身体还原成山式。

图 8-44 手抓脚趾站立伸展式

4. 前屈伸展式(图 8-45)

山式站立,两手叉腰,吸气仰头,两膝绷直。

呼气,身体前屈,手放在脚底下,手掌碰到脚底,膝盖绷直,成手碰脚前屈伸展式。

呼气,身体前屈,手掌置于脚两侧的垫上,膝盖绷直,成加强脊柱前屈伸展式。

抬头,伸展脊柱,臀部稍向前从而使腿部与地面垂直。

呼气,躯干靠近腿部,头放在膝盖上,膝盖绷直,膝盖骨上提,充分拉伸两腿后韧带,保持这个体式 50 秒,深长均匀地呼吸。

吸气,身体还原成山式。

图 8-45 前屈伸展式

5. 双角第一式(图 8-46)

山式站立,深吸气跳步分开两腿,两脚相距约 1.2 米,两手叉腰,吸气仰头。

呼气,躯干慢慢向下,抬头,使脊柱伸展。保持两个呼吸。

呼气,两手掌撑在垫上,指尖向前,与肩同宽,与两脚在同一条直线上。

吸气,抬头,伸展脊柱,背部下压。

呼气,屈肘,头顶着垫与手、脚在同一条直线上,身体重量放在两腿上。膝盖绷直、上提。保持这个体式20~30秒,深长均匀地呼吸。

吸气,抬头,伸直手臂,保持背部伸展,身体慢慢还原。

回到山式站立。

图8-46 双角第一式

功效:腿部后侧韧带和肌肉得到完全的伸展,修塑腿型;纠正两大腿内侧和外侧多余脂肪。

第五节 纤体瑜伽与饮食

瑜伽理论认为,饮食习惯能够直接影响一个人的生活方式、精神和肉体。每天摄取健康、天然的绿色食物,能提供人体最需要的能量,使人获得生命之气,洁净人体的身体和心灵,是变美的第一步。

瑜伽提倡素食,但不会约束练习者必须素食。对于普通人来说,最不能忍受的是吃不爱的东西,所以我们在练习瑜伽的过程中,不会刻意要求练习者遵守瑜伽饮食原则。随着瑜伽练习的慢慢深入,瑜伽会通过调节血液和内脏器官的活动,让身体机能产生良好、健康的饮食欲望,从而使饮食变清淡,自然而然地改变饮食习惯。

一、瑜伽对食物的分类

瑜伽将食物分成三类:悦性食物、变性食物和惰性食物。

1. 悦性食物

是瑜伽饮食中最纯净的食物。这类食物富有悦性力量,营养、健康,使精力在体内平衡流动,身心保持健康、平和。瑜伽经典《薄伽梵歌》第17章第8节中说:"悦性食物为悦性本质的人所喜爱,它能使人保持青春并净化生命,使人变得更加健康和快乐"。

这类食物包括:谷类、豆类、坚果类、新鲜蔬菜和水果、牛奶、蜂蜜、全麦面包、植物油等食品。同时烹饪悦性食物时,少用调料,烹制过程简单。悦性食物中含有丰富的维生素,能够有效稳定情绪,促进脑细胞活跃,舒缓肌肉紧张。这类食物食用后容易消化,而且消化后在体内产生的能量能使身体变得健康、轻松,让人的心灵更加平静、愉悦、自律。长期食用悦性食物的人通常都会精力充沛,长寿,不易衰老,心情时常保持平静、祥和。

2. 变性食物

瑜伽将过酸、咸、苦、辣等太过刺激的富有变性力量的食物称为变性食物。这类食物容易破坏人的身心平衡,使人变得身心浮躁不安,缺乏耐性,难以控制。不管是荤菜还是素菜,加上过量的调味料,味道过分刺激的食物都属于变性食物,瑜伽练习者应少吃或者不吃变性食物。瑜伽经典《薄伽梵歌》第17章第9节中说:"太苦、太酸、太咸、太烫、烧焦的食物,为激动本质的人所喜爱,会给人带来烦恼和疾病"。

3. 惰性食物

惰性食物是瑜伽修习者最禁忌的食物,是所有能量来源中最糟糕的一种,对身心全无益处。这类食物阻止了生命之气在体内的平衡流动,使人心情忧郁、易怒、贪婪、暴躁。

惰性食物包括各种油炸、烧烤和肉类等味道浓烈的食物,放置时间过久腐烂、变质发酵、陈腐、烹煮时间过长的食物,以及酒精、烟草、大蒜、咖喱等。这种食物使人处于愚昧状态,体态臃肿。此外,瑜伽还认为,当食物冷却后再重新加热,容易滋生细菌,进食这样的食物会造成消化不良、胃酸过多,从而破坏身体的自然平衡。瑜伽经典《薄伽梵歌》第17章第10节中说:"腐败、变质、不洁的食物是惰性本质的人所喜爱的食物。"

二、瑜伽的饮食方式

瑜伽理论认为,饮食习惯直接影响一个人的生活方式、精神和肉体。每天摄取天然、健康的悦性食物,是塑造完美形体的基础条件。

1. 时间

均衡的瑜伽饮食时间为:早上6:00—8:00;中午11:00—13:00;晚上18:00—19:00。睡前两小时不要进食,睡前进食会造成胃部的压力,影响睡眠。瑜伽进食时间不一定严格按照一天建议的时间进食,感觉胃口不佳或消化不好的时候,可以适当调整进食时间或者禁食,让身体有一个自愈调整的过程,到恢复正常,消除不适后再按规律进食。练习瑜伽应空腹,尽量在饭后3~4个小时后做练习,练习结束30~40分钟后方可进食。

2. 食量和方法

（1）选择清淡、能够保存食物天然营养成分的烹饪方法，不要加过多的香精、香料和油脂，尽量使用橄榄油。避免油腻、辛辣，均衡吃下每一餐。

（2）饭量不要超过七八分饱，过饱不但给消化系统造成压力，也是产生肥胖的原因之一。当然，瑜伽也不建议吃得太少，吃得过少也会影响机体机能的正常运转。睡前两个小时不要进食。细嚼慢咽，一口食物最好保证咀嚼12次以上，以避免消化不良和肥胖。

（3）每天喝8～10杯以上的清水，不要在吃饭的时候喝水，即使再渴也要控制饭后30分钟以后再饮水。这里的水不能用饮料、果汁或者牛奶代替。练习瑜伽前不要大量饮水，以免影响瑜伽体式练习的效果。

（4）少吃肉类，多吃蔬菜、水果、坚果。不要过度加工烹饪，不要吃过冷、过热的食物。瑜伽认为酒精对于脑部为主的中央神经系统有负面影响，因此应避免饮酒。

（5）做好每天的饮食安排。早餐多吃粥类、牛奶、水果等。午餐和晚餐最少吃一次水果沙拉，配合谷类、豆类和坚果等。

按照以上原则和方法进食，可以养成了健康、合理的饮食习惯，这是保持身材完美的基础。虽然瑜伽素食是生活中非常积极的一面，但不是说，一定要做一个素食者才可以开始练习瑜伽，完全放弃多年形成的饮食习惯不是一件容易的事情，对自己过于苛刻也不利于心里健康。瑜伽是一种生活方式，饮食只是其中的一项，不必刻意强求。

3. 瑜伽的日常食材

（1）主食类：大米、小米、小麦、大麦、燕麦、玉米、面条、全麦面包等。

（2）干果类：核桃、杏仁、腰果、花生、红枣、莲子、松子、榛子等。

（3）豆制品类：黄豆、绿豆、黑豆、红豆、豆芽、豆腐、豆浆等。

（4）蔬菜类：菠菜、西兰花、白菜、芹菜、圆白菜、西红柿、黄瓜、茄子、苦瓜、莴笋、豆角、土豆、菜花、胡萝卜等。

（5）奶制品类：牛奶、酸奶、奶酪等。

（6）调味料类：橄榄油、花生油、芝麻油、果酱、酱油、盐、姜、蜂蜜等。

三、几种最简单的瑜伽食谱

1. 莲子百合红枣汤

材料：莲子100克，百合10克，红枣6颗。

调料：蜂蜜少许。

做法：将莲子、百合用水泡发，红枣洗干净。锅中倒入适量水煮开，放入莲子、百合、红枣，再煮约15分钟，关火加入适量蜂蜜即可。

2. 蔬菜沙拉

材料：生菜一棵，黄瓜一根，西红柿一个，甜椒少许。

调料:橄榄油、香油、醋、姜末、盐、少许胡椒粉。

做法:生菜洗净,撕成片,黄瓜洗净去皮,切片,西红柿洗净切片,甜椒洗净去籽切丝。将所有蔬菜放入盘中,拌入所有调料,调匀即可。

3. 水果沙拉

材料:香蕉一根,苹果一个,白梨一个,猕猴桃一个,草莓数颗。

调料:柠檬汁少许,沙拉酱。

做法:将所有水果洗净、切块放入水果盘,加入沙拉酱,搅拌均匀即可。

4. 芹菜炒米饭

材料:大米 200 克,西芹 1 根,胡萝卜一个,洋葱半个,熟碎花生少许。

调料:盐适量、姜末少许、橄榄油适量。

做法:大米洗净入锅,加入适量水和少许盐煮熟,关火冷却 10 分钟。芹菜洗干净切段,胡萝卜洗干净,切丁,洋葱洗干净切块。锅放在火上,倒入少许橄榄油烧热,将姜末炒香,加入胡萝卜、洋葱翻炒约 2 分钟,加入芹菜炒熟,加入米饭炒 3～5 分钟,撒入碎花生即可。

【学习小结】

纤体瑜伽具有调理、排毒、减肥和美感四大功能,是形体训练中强化内涵的深层次训练。结合人体生理学、解剖学、心理学,通过全身肌肉、韧带的延展及均衡的呼吸,疏通经络,促进新陈代谢,及时有效地将身体各部位多余的脂肪排出体外,使皮肤、毛细血管充满弹性,调节身心平衡。同时,纤体瑜伽能够通过特定体位法的反复练习,针对性地纠正身体姿态的不足,塑造优美、柔韧的身材。因此,纤体瑜伽训练是形体训练中无法替代的训练内容。

【自我检测】

(1)自编一套祛痘养颜、改善皮肤的体式练习。

(2)自编一套调整高低肩、美背的体式练习。

(3)自制一周营养减肥的健康瑜伽餐。

(4)结合均衡的瑜伽呼吸,自编一套美腿的体式练习。

学习单元九
有氧健身操——强化力量

学习目标

通过本单元学习,您应该达到以下目标:

素质目标 通过健美操基本动作及套路练习,能主动展示形体与动作美,培养随音乐节奏自练单个动作和组合动作技能,提高练习者动作协调性和自身表现力,在与同伴的合作与交流中增进交往能力。

知识目标 掌握健美操的基本理论知识和技能,了解健美操在形体训练中的重要性和价值,形成正确的健康观念和审美意识;能够测试和评价体质健康状态,掌握有效提高身体素质、全面发展体能的方法。

能力目标 通过健美操基本动作及成套、自编动作训练,使练习者身体灵活性、柔韧性、协调性等身体素质得到全面提高;掌握自我健身、创编表演套路、形体自我展示修塑的方法;提高练习者的表现力、创造力、鉴赏力。

第一节 健美操运动的内容与特点

健美操是现代健身运动中一个新兴的项目,英文写法是"Aerobics",意为"有氧运动"。是在音乐伴奏下,以身体练习为基本手段,以有氧练习为基础,达到增进健康、塑造形体、陶冶情操的一项体育运动。健美操具有实效性的健身作用,具有强烈的时代感,富有魅力。从而吸引了广大群众,成为群众所喜爱的新兴体育运动项目,为学校体育教学增添了新的内容。

一、健美操的内容

健美操的内容丰富多彩,从目前国内外各种健美动作所表现的性质和形式特征看,健美操的内容主要包括以下四类。

1. 健美操队列队形、图形变化

在集体健美操练习和表演,以及完成各种定、跑、跳、踢、转等动作中,做各种相互交错的队形和图形,使动作更具有动态美和造型美。

2. 健美操徒手动作练习

徒手练习是健美操最基本的内容,它是由头颈、上肢、胸部、臀部、下肢等部位的屈、伸、转、绕、举、摆、振等基本动作构成的。只有正确地掌握徒手体操动作,才有可能协调、准确地完成健美操动作。它们不受场地和器材的限制,具有广泛的群众性,易于推广。徒手动作是各种持轻器械健美操的基础。

3. 轻器械与专门器械健美操

运用实心球、哑铃、体操棍、椅、垫等轻器械或专门器械进行健美操练习。

4. 现代舞中的简单动作

健美操中大量吸取现代舞、迪斯科、爵士舞、民族舞等舞蹈中简单并具有锻炼价值的动作,为健美操的目的和基本任务服务。

二、健美操运动的特点

1. 高度的艺术性

健美操是融体操、舞蹈、音乐于一体的追求人体健与美的运动项目,因此,健美操属于健美运动的范畴,具有高度的艺术性。健美操的艺术性主要体现在其"健、力、美"的项目特征上。"健康、力量、美丽"是人类有史以来所追求的身体状况的最高境地。健美操动作协调、流畅、有弹性,不仅能够改善人们不良的身体指标,还可以使练习者形成优美的体态,保持健美的体型,培养审美与鉴赏能力。

2. 强烈的节奏性

健美操动作具有强烈的节奏性特点,并通过音乐充分地表现出来。音乐是健美操的灵魂,它要求节奏鲜明、强劲有力、旋律优美。音乐中的高低、长短、强弱、快慢等有节奏的变化,使健美操更富有一种鲜明的现代韵律感,不仅能振奋练习者的精神,使人产生跃跃欲试的动感,而且还能使人在练习过程中,忘却疲劳,产生一种轻松愉快的心情。

3. 广泛的适应性

健美操练习形式多样,运动量可大可小、容易控制,对场地器材的要求也不高,因此对各个年龄层次、不同性别、不同身体素质、不同技术水平的人都适宜,各种人群都能从健美操练习中找到适合自己的方式,达到增进健康和追求美的目的。

4. 无穷的创新性

健美操不仅保留了徒手体操中各种类型的基本动作,而且从相关的运动项目和艺术门类中吸收了诸多优美的动作,经过加工、提炼、操化,使之成为具有健美操风格的动作。健美操大多为关节的同步运动。练习者可以根据需要变换运动组合形式,配以热情奔放的音乐,形成丰富多彩的成套动作。总之,人体运动是创编健美操取之不尽的源泉。

第二节 健美操的基本动作

健美操基本动作是根据身体结构与特征来确定的,是学练健美操的基础。其基本动作主要由下肢动作、上肢动作和躯干动作组成。

一、下肢基本动作

由直立、开立、侧点立、前点立、后点立、提踵立、单腿跪立、双腿跪立、弓步、屈、伸、蹲、跪和并步、交叉步、跑跳步、并腿跳、开并腿跳、高踢腿跳、吸腿跳、侧摆腿跳、弓步跳等动作组成。

1. 脚与腿的基本站位（图9-1）

（1）直立：两脚并拢，头、颈、躯干与脚的纵轴保持在同一条直线上。

（2）开立：两脚分开与肩同宽。

（3）弓步：两腿开立，一腿屈膝，另一腿绷直，屈腿的膝部与脚尖垂直，弓步包括前弓步、后弓步、侧弓步。

图9-1 脚与腿的基本站位

（4）点地立：一腿支撑，另一腿向各个方向伸直，脚尖点地，包括前点地、后点地、侧点地。

（5）提踵立：脚跟提起，用前脚掌站立。

（6）蹲：包括半蹲和全蹲。

（7）跪：包括跪坐与跪立。

2. 腿的基本动作（图9-2）

（1）屈伸：膝关节由直成屈，再由屈到直的动作。

（2）抬腿：一腿支撑，一腿高抬，包括前高抬腿、屈膝高抬腿、吸腿等。

（3）踢腿：一腿支撑，另一腿向上做加速摆动的动作，包括直腿前踢、侧踢、后踢。

图9-2 腿的基本动作

3. 脚的基本步伐（图9-3）

（1）并步：一脚侧出，另一脚并于该脚旁，两膝弹性弯曲。

（2）交叉步：一脚迈出，另一脚在前或后交叉。

（3）跑跳步：双脚起跳，单腿曲膝落地左右脚结合。

（4）并腿跳：膝关节微屈，两脚同时起跳。

（5）开合跳：双脚起跳，腿在胯关节处外展和内收（侧向开合并），身体重心在两腿之间，膝关节微屈，以缓冲冲击力。

（6）吸腿跳：两脚同时跳起，一脚落地，另一腿屈膝大腿和地面平行。

(7) 弓步跳:两脚跳起,一脚落在身体前方,屈膝成弓步,另一腿向后伸直,重心落在前脚上。

(8) 侧摆腿跳:跳起,一脚落地,另一腿向侧伸直摆腿。

(9) 正弹腿跳:跳起,一脚落地,另一腿向前弹踢。

图9-3 脚的基本步伐

二、上肢的基本动作

1. 手型(图9-4)

(1) 五指并拢式:五指伸直并互相并拢。

(2) 五指分开式:五指用力分开并伸直。

(3) 拳式:五指弯曲并拢,大拇指压在食指、中指上。

(4) 剑指:拇指与无名指、小指相叠,中指和食指并拢伸直。

(5) 西班牙舞手型:五指分开,小指内旋,拇指稍内收。

(6) 响指:无名指与小指屈握,拇指与中指、食指摩擦后,中指击大鱼际处发出响声。

2. 手臂动作

(1) 举(图9-5):指以肩为轴,劈的活动范围不超过180°而停止在某一部位的动作,包括单臂和双臂的前举、后举、侧举和上举、侧上举和上举、侧下举和上举等。

图 9-4 手型

图 9-5 手臂动作举

（2）屈（图 9-6）：指肘关节产生一定的弯屈角度，包括胸前平屈、肩侧屈、肩上前屈、头后屈等。

163

胸前平屈　　　肩侧屈　　　肩上前屈　　　头后屈

图 9 - 6　手臂动作屈

（3）振（图 9 - 7）：指以肩为轴，臂用力摆至最大幅度，包括上举后振、下举后振、侧举后振。

左臂后振　　　右臂后振

图 9 - 7　手臂动作振

三、躯干的基本动作

1. 胸部练习（图 9 - 8）

含胸　　　挺胸　　　　　　移胸

图 9 - 8　胸部练习

(1) 含胸：头稍低，两肩内合。

(2) 挺胸：直立，两肩外展。

(3) 移胸：髋部固定，胸部左右移动。

2. 腰部练习（图9-9）

(1) 屈：下肢不动，上体前、后、左、右屈。

(2) 转：下肢不动，上体沿垂直轴左右转动。

(3) 绕和绕环：下肢不动，上体沿垂直轴做弧形、圆形运动。

图9-9　腰部练习

3. 髋部练习（图9-10）

(1) 顶髋：髋关节做水平移动，包括左顶、右顶、前顶、后顶。

(2) 提髋：髋关节向一侧上提的动作，包括左提、右提。

(3) 绕髋和髋绕环：髋关节做圆形、弧形移动，包括向左、向右的绕和绕环。

注意：以上身体各部位练习在课堂全面训练的基础上，可根据练习者自身的特点与不足，进行分项专项训练，以达到全面提高的目的。

图 9-10 髋部练习

第三节 健美操三套二级规定动作

国家体育总局和大学生"两操"协会于1998—2009年连续向社会推广全国健美操锻炼标准多级别的成套动作,其内容丰富多彩,编排顺序科学合理,具有一定的时代气息,适合大学生锻炼。其中二套三级锻炼标准以弹动、踏步、点步、V字步、高提膝、开合跳、弹踢等基本步伐为主,动作方向和变化较多,能够提高协调性、增强肢体力量、使肌肤更有弹性充满活力。现在介绍全国健美操锻炼标准规定动作的练习方法。

一、规定动作练习部分

二套三级锻炼标准包括四个组合,每个组合分别有正反方向各4个八拍,这里只说明正方向4×8拍,反方向4×8拍动作同正方向4×8拍,方向相反。

1. 组合一:4×8拍

准备姿势:站立。

(1) 第1×8拍(图9-11)。

1拍:十字步右脚向左前一步,右臂向右侧平举,右手握拳,拳心向下。

2拍:十字步左脚向右前一步,左臂向左侧平举,左手握拳,拳心向下。

3拍:右脚向右后方一步,两臂上举,十指分开,掌心向前。

4拍:左脚向左后方一步,两臂下举,两手握拳,拳心相对。

5~8拍:向后四步走,两手臂屈臂自然摆动。

图9-11 组合一第1×8拍

(2) 第2×8拍。

动作同1~8拍,但是4~8拍向前走四步。

(3) 第3×8拍(图9-12)。

1~6拍:右脚开始6拍漫步,1~2拍右臂胸前平举,五指分开,掌心向侧;3拍双手叉腰;4~5拍左手胸前平举;6拍双臂胸前屈臂交叉,两手握拳,拳心向内。

7~8拍:右脚向后1/2后漫步,两臂侧后下举五指分开,掌心向前。

图9-12 组合一第3×8拍

（4）第 4×8 拍（图 9-13）。

1~2 拍：右脚向右并步跳，两手握拳，右臂下举，屈左臂自然摆动。

3~8 拍：左脚向右前方做前、侧、后 6 拍漫步，3~4 拍手臂胸前平举弹动两次，两手握拳，拳心向下；5~6 拍两臂侧平举，双手握拳，拳心向下；7~8 拍后斜下举。

图 9-13 组合一第 4×8 拍

2. 组合二：4×8 拍

（1）第 1×8 拍（图 9-14）。

1~2 拍：右脚向右侧滑步，右臂侧上举，左臂侧平举，手指自然并拢。

3~4 拍：1/2 后漫步，两手握拳，屈臂后摆。

图 9-14 组合二第 1×8 拍

5~6拍:左脚向左前方做并步,同时击掌3次。

7~8拍:右脚向右后方做并步,两手叉腰。

(2) 第2×8拍(图9-15)。

1~2拍:左脚向左后方做并步,同时击掌3次。

3~4拍:右脚向右前方做并步,两手叉腰。

5~6拍:右脚向左侧滑步,左臂侧上举,右臂侧平举。

7~8拍:1／2后漫步,两手握拳,屈臂后摆。

图9-15 组合二第2×8拍

(3) 第3×8拍(图9-16)。

图9-16 组合二第3×8拍

1~4拍:右脚向右上步吸腿2次,两臂向前、向后下冲拳2次。

5~8拍:左脚"V"字步同时左转90°,两臂由右向左水平摆动,五指分开。

(4) 第4×8拍(图9-17)。

1拍:左腿吸腿一次,同时两臂胸前平举,两手握拳,拳心向下。

2拍:左脚侧点地,同时左臂上举,右臂下举。

3拍:同1拍。

4拍:还原成直立。

5~8拍:同1~4拍,但方向相反。

图9-17 组合二第4×8拍

3. 组合三:4×8拍

(1) 第1×8拍(图9-18)。

1~4拍:右脚向右并步跳,起跳时两臂上举掌心向前,落地时屈臂下拉,4拍时身体向右转90°。

5~8拍:左脚侧交叉步,两臂屈臂前后摆动,8拍时身体向左扭转90°,两手十指分开,掌心向后。

图 9-18　组合三第 1×8 拍

(2) 第 2×8 拍(图 9-19)。

1~4 拍:右脚向右并步跳,起跳时两臂上举掌心向前,落地时屈臂下拉,4 拍时身体向左转 90°。

5 拍:左脚向左一步成侧弓步,同时身体向左扭转 90°,右臂前下举,五指并拢,掌心向下。

6 拍:右脚并步,两手叉腰。

7 拍:同 5 拍,方向相反。

8 拍:还原成直立。

(3) 第 3×8 拍(图 9-20)。

1~4 拍:左脚向前一字步,1 拍两臂肩上屈,两手握拳,拳心相对,2 拍两臂下举,3~4 拍时两臂胸前屈。

5~8 拍:左、右依次并腿跳,5~6 拍两臂上举,十指分开,掌心向前,7~8 拍两手放在膝上。

图 9 – 19　组合三第 2×8 拍

图 9 – 20　组合三第 3×8 拍

（4）第 4×8 拍（图 9 – 21）。

1～4 拍：左脚向后一字步，1～2 拍两臂侧下举，两手握拳，拳心相对，3～4 拍两臂屈臂胸前交叉，双手握拳，拳心向后。

5～8 拍：左、右依次分并腿跳，5 拍两臂侧上举，十指并拢，掌心向外，6 拍两臂屈臂胸前交叉,两手握拳,拳心向后,7拍两臂侧下举,十指并拢,掌心相对,8拍还原成直立。

图9-21 组合三第4×8拍

4. 组合四:4×8拍

(1)第1×8拍(图9-22)。

1~8拍:右脚开始向侧、向前小马跳4次,1~2拍右臂体侧向内绕环,3~4拍左臂体侧向内绕环,5~8拍手臂动作同1~4拍。

图9-22 组合四第1×8拍

(2)第2×8拍(图9-23)。

1~4拍:右脚开始向右、后、左弧形跑4步,右转270°,两臂屈臂自然摆动。

173

5~8拍:开合跳1次,5~6拍屈膝两手放在大腿上,7拍两臂胸前屈击掌,8拍还原成直立。

图9-23 组合四第2×8拍

(3) 第3×8拍(图9-24)。

1~4拍:右脚向右前上步后屈腿,1拍两臂屈臂胸前交叉,两手握拳,拳心向后,2拍右臂侧平举,五指分开,掌心向上,左臂上举,五指分开,掌心向右,3拍同1,4拍两手叉腰。

5~8拍:同1~4拍,动作相同,方向相反。

图9-24 组合四第3×8拍

(4) 第 4×8 拍(图 9-25)。

1 拍:左脚向左一步,右脚侧点地,右臂左前下举,握拳。

2 拍:还原成直立,两手叉腰。

3 拍:同 1 拍,方向相反。

4 拍:同 2 拍。

5 拍:左脚上前一步,重心落在右脚,左脚脚尖点地,两臂胸前平屈,两手握拳,拳心向下。

6 拍:向前转脚跟,两臂胸前平推,两手握拳,拳心向下。

7 拍:脚跟还原,两臂同 5 拍。

8 拍:身体还原成直立。

图 9-25　组合四第 4×8 拍

二、力量练习部分

1. 开始动作(1×4 拍,图 9-26)

1~2 拍:右脚向右一步,左臂前平举,五指分开,掌心向下,右臂上举,五指分开,掌心向前。

3~4 拍:左脚向右后交叉迈步,两臂屈臂胸前交叉,两手握拳,拳心向后。

1~2拍　　　　　　3~4拍

图9-26　开始动作

2. 过渡动作(1×8拍,图9-27)

1拍:右脚向右一步,屈膝内扣,右手左下冲拳,拳心向下。

2拍:两膝打开成分腿半蹲,右手侧下冲拳。

3~4拍:身体右转90°,屈右膝成弓步,左腿向后伸直,两手撑地,指尖向前。

5~8拍:右脚向后同左脚并拢,成俯撑。

1拍　　　　　2拍　　　　　3~4拍

5~8拍

图9-27　过渡动作

3. 力量练习一(4×8拍)

(1) 第1×8拍(图9-28)。

1~2拍:左、右脚依次点地。

3~8拍:保持俯撑。

图 9-28 力量训练第 1×8 拍

（2）第 2×8 拍（图 9-29）。

1~2 拍：左、右腿依次屈膝着地。

3~8 拍：保持跪撑。

图 9-29 力量练习②

（3）第 3×8 拍（图 9-30）。

1~2 拍：左、右肘依次屈肘撑地。

3~8 拍：保持肘撑。

图 9-30 力量练习第 3×8 拍

（4）第 4×8 拍（图 9-31）。

1~2 拍：左、右腿依次伸直。

3~8 拍：保持肘撑，两腿伸直蹬地。

图 9-31 力量练习第 4×8 拍

4. 过渡动作(1×8拍,图9-32)

1~2拍:腹部及两腿着地。

3~4拍:右臂向前伸直。

5~6拍:身体右转90°,左手撑在胸前地上。

7~8拍:身体继续右转90°成仰卧,稍分腿屈膝,双臂放于体侧,掌心向下。

图9-32 过渡动作

5. 腹肌练习(1×8拍,图9-33)

1~2拍:收腹抬上体,1拍左臂向前屈,2拍右臂向前屈。

3~4拍:上体保持抬高,两臂伸直。

5拍:上体还原,两臂上举。

6~7拍:两臂经上绕至侧平举。

8拍:两臂绕至体侧。

图9-33 腹肌练习

6. 过渡动作(1×8拍,图9-34)

1~4拍:依次吸左、右腿。

5~8拍:向左转体180°成俯卧,两臂屈臂撑于肩侧。

图9-34 过渡动作

7. 背肌练习(4×8拍)

(1)第1×8拍(图9-35)。

1~2拍:抬起上体和手臂。

3~4拍:右臂向上伸直,转头向左看。

5~6拍:还原到1~2拍。

7~8拍:还原。

图9-35 背肌练习第1×8拍

(2)第2×8拍(图9-36)。

1~8拍:动作同第10的背肌练习,但方向相反。

图9-36 背肌练习第2×8拍

（3）第3×8拍。

1~8拍:动作同第1×8拍的背肌练习。

（4）第4×8拍。

1~8拍动作同第2×8拍的背肌练习。

8. 过渡动作(2×8拍)

（1）第1×8拍(图9-37)。

1~2拍:两手撑地,前臂离地,上体抬起。

3~4拍:两手臂伸直,身体离地,只有两手、两脚前脚掌着地。

5~8拍:身体右转90°,右脚外侧着地,右手撑地,左臂上举,五指分开,掌心向前。

图9-37 过渡动作第1×8拍

（2）第2×8拍(图9-38)。

图9-38 过渡动作第2×8拍

1~2拍:两手撑地,左腿屈膝跪撑。

3~4拍:向右转体90°,坐在地上,左腿屈膝,右腿伸直。

5~7拍:向右转体180°,左脚向前一步,两手撑地。

8拍:站起来,重心落在左脚,右脚尖后点地。

9. 结束动作(1拍,图9-39)

1拍:右脚向右侧一步,左脚屈膝侧点地,同时右臂侧上举,五指并拢,掌心向右,左臂扶右髋。

图9-39 结束动作

【学习小结】

健美操是一项强化力量的训练项目,是基本体操艺术化、动态化、健身化趋势的反映。通过健美操训练,能够全面提高练习者的身体素质,提高心肺功能和肌肉耐力,促进各组织器官的协调动作,使人体达到最佳机能状态,从而在日常生活中表现出良好的气质和修养,给人以朝气蓬勃、健康向上的感觉。健美操还可以消除体内和体表多余的脂肪,维持人体吸收与消耗的平衡,降低体重,保持健美的体型。

【自我检测】

(1)自编一套用于比赛中特长展示的健美操套路。

(2)自编两节(每节4个八拍)健美操动作,并配音乐。

(3)自编一节用于锻炼腹肌的健美操动作。

学习单元十
体育舞蹈——强化团队意识

学习目标

通过本单元学习,应该达到以下目标:

素质目标 培养不怕苦、积极进取的精神;培养社交能力;促进学生全面发展。

知识目标 初步了解体育舞蹈的起源与发展概况,掌握对体育舞蹈正确动作的评价能力。

能力目标 通过体育舞蹈基本训练,提升学生形体和气质;使学生能够在音乐伴奏下,流畅地完成基本舞步,具备创编简单的体育舞蹈组合的能力。

"舞则人之天性"古人通常以跳舞来代替语言表达他们的感情,较有代表性的记叙如《诗序》:"情动于中,而形于言,言之不足,故嗟叹之,嗟叹不足,故咏歌之,咏歌之不足不如足之蹈之,手之舞之也"。说明古人通过手舞足蹈来体现他们的情感和心理活动。从艺术心理角度分析:"肢体线条的律动正是心灵意识流动的轨迹,是人的心理情感的展现"。人们在翩翩起舞中,能够达到交流思想、抒发感情、增进友谊的目的。另外通过跳舞可以消除人们因日常工作、学习和生活中的精神紧张和情绪不安。心理学也指出:"人们的注意是受指向性制约的"。长期的郁闷、过度的思维和情绪不安,会增加心理负担,以导致精神和机体的疾病。据有关调查表明:大学生易患心理疾病。其原因是多方面的,学习课程压力较大、面临毕业时的择业问题、情感归属问题等,其中最主要的是学习和就业的压力。大学生的很多课程属自然科学,无法从课程中直接学习到广泛的社会交往的知识和技能,因此在解决社会交往环境适应等方面的能力偏低,许多自然科学要求学生独立思考,埋头静读,使其很容易形成自我封闭的思维方式和行为方式,一旦出现心理障碍便难于自拔。而对待大学生的这些精神疾病不能仅仅用医学的常规手段来治疗和处理。体育舞蹈活动就为大学生提供了一种良好的自我调整方式。美妙动听的音乐、优美动人的舞姿、轻松愉快的气氛、和谐的韵律,使由于工作和学习造成的紧张、疲劳和紊乱的情绪得到缓冲和调节,并使心情开朗,从而达到了健全心理、培养团队精神之目的。

那么到底什么是体育舞蹈?体育舞蹈分为哪些舞姿,如何学习呢?我们将在本章学习这些内容。

体育舞蹈是体育与艺术高度结合的一项新兴起的体育项目,是"形动于外而情于内"的表演艺术。它集娱乐、运动、艺术于一体,以其独特的魅力吸引着广大群众,在丰富人们精神生活和增强体质方面已显示出不可估量的作用和强大生命力。作为一项具艺术与运动双重性的体育舞蹈运动极富时代气息,已被教育部列为高校体育课程和素质教育手段并纳入教学大纲。

体育舞蹈也称"国际标准交谊舞",简称"国标"。是以男女为伴,在音乐的伴奏下,通过人体各种环节有节奏的变化,塑造出不同难度的形体动作和造型,表现不同的情感和技艺,既具有文化艺术内涵又具备体育竞赛形式的一项体育运动。体育舞蹈的前身是交际舞,起源于欧洲、拉丁美洲,经历对舞、圈舞、行列舞、集体舞等演变过程,成为流传广泛的社交舞蹈。1924年,由英国皇家舞蹈教师协会发起,欧美舞蹈界人士在广泛研究传统宫廷舞、交谊舞和拉美国家各式土风舞的基础上,对上述舞蹈进行了规范和加工,于1925年正式颁布了华尔兹、探戈、狐步、快步等舞种的规定步伐,总称摩登舞。第一次世界大战之后又出现了伦巴、桑巴等交谊舞,这些交谊舞受黑人传统音乐和舞蹈文化的深刻影响。1960年,英国皇家舞蹈教师协会又整理了拉丁舞,并将其纳入国标舞范畴,这样就形成了具有统一舞步的两个系列10个舞种的国际标准交谊舞。

第一节 华尔兹

华尔兹(Waltz)也称圆舞,是现代舞中历史最悠久、生命力最强的舞蹈形式,用W表示,也称"慢三步"。起源于奥地利,16世纪传入法国,18世纪末正式在英国舞厅出现。华尔兹舞蹈的风格是典雅大方、动作流畅、旋转性强、华丽多姿,舞曲旋律优美抒情,动作高雅和谐、起伏多变,舞姿飘逸优美、文静柔和,被称为"舞蹈之王"。

(一)华尔兹的音乐特点

舞曲旋律优美抒情,雍容典雅。音乐节拍为3/4的中慢拍,音乐速度为每分钟28~30小节。每小节三拍为一组舞步,重拍在音乐的第一拍上,三步一起伏循环。

(二)华尔兹的基本舞步

1. 左脚并换步

预备姿势:闭式位(男士面向斜墙壁,女士背向斜墙壁)。

(1)节奏1。

男:左脚向侧并稍向前一步,面向斜墙壁方向,身体有轻微反身动作(脚跟~脚尖);

女:右脚后退一步,背向斜墙壁(脚尖~脚跟)。

(2)节奏2。

男:右脚向侧并稍向前一步,面向斜墙壁(脚尖);

女:左脚向侧并稍向前一步,背向斜墙壁(脚尖)。

（3）节奏3。

男：左脚并到右脚,方位不变(脚尖~脚跟)；

女：右脚并到左脚,方位不变(脚尖~脚跟)。

动作要点：

① 注意后退的一方要给前进的一方让位。

② 注意脚法、脚掌及踝关节蹬伸力量的协调使用。

2. 右脚并换步

预备姿势：闭式位。

（1）节奏1。

男：右脚向侧并稍向前一步,面向斜中央,身体有轻微反身动作(脚跟~脚尖)；

女：左脚后退一步,背向斜中央(脚尖~脚跟)。

（2）节奏2。

男：左脚向侧并稍向前一步,面向斜中央(脚尖)；

女：右脚向侧并稍后退一步,背向斜中央(脚尖)。

（3）节奏3。

男：右脚并到左脚,方位不变(脚尖~脚跟)；

女：左脚并到右脚,方位不变(脚尖~脚跟)。

动作要点：

① 处于后退的一方要给前进的一方让位。

② 注意脚跟、脚尖的步法及男女步伐的协调配合。

3. 左转步(图10-1)

预备姿势：闭式位。

（1）节奏1。

男：面向斜中央,左脚前进,身体有反身动作(脚跟~脚尖)；

女：右脚后退,背向斜中央,身体有反身动作(脚尖~脚跟)。

（2）节奏2。

男：背向斜墙壁,右脚向侧一步,左转1/4周(脚尖)；

女：左脚向侧一步,左转3/8周,两脚指向舞程线(脚尖)。

（3）节奏3。

男：左脚并到右脚,背向舞程线,继续左转1/8周(脚尖~脚跟)；

女：右脚并到左脚,身体完成转动,面向舞程线(脚尖~脚跟)。

（4）节奏1。

男：右脚后退,背向舞程线,有反身动作(脚尖~脚跟)；

女：左脚前进,面向舞程线,继续左转(脚跟~脚尖)。

（5）节奏2。

男：左脚向侧一步,以右脚掌为轴左转3/8周,双脚指向斜壁(脚尖)；

女:右脚向侧一步,以左脚脚掌为轴左转1/4周,背向斜墙壁(脚尖)。

(6) 节奏3。

男:身体完成转动,右脚并到左脚,面向斜墙壁(脚尖~脚跟);

女:左脚并到右脚,左转1/8周,背向斜墙壁(脚尖~脚跟)。

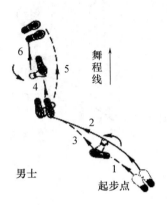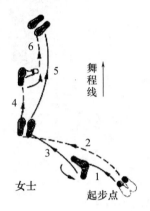

图 10-1 左转步

4. 右转步(图 10-2)

预备姿势:闭式位。

(1) 节奏1。

男:面向斜墙壁,右脚前进,开始向右转(脚跟~脚尖);

女:左脚后退一步,背向斜墙壁,开始向右转(脚尖~脚跟)。

(2) 节奏2。

男:左脚向侧,背向斜中央,1~2步间右转1/4周(脚尖);

女:右脚向侧一步,1~2步间右转3/8周,两脚指向舞程线(脚尖)。

(3) 节奏3。

男:右脚并到左脚,2~3步间继续右转1/8,背向舞程线(脚尖~脚跟);

女:左脚并到右脚,面向舞程线,身体完成转动(脚尖~脚跟)。

(4) 节奏1。

男:左脚后退一步,背向舞程线,身体继续右转(脚尖~脚跟);

女:右脚前进,面向舞程线,继续向右转(脚跟~脚尖)。

(5) 节奏2。

男:右脚向侧一步,4~5步间右转3/8周,两脚指向斜中央(脚尖);

女:左脚向侧一步,4~5步间右转1/4周,背向斜中央(脚尖)。

(6) 节奏3。

男:左脚并到右脚,面向斜中央,身体完成转动(脚尖~脚跟);

女:右脚并到左脚,5~6步间右转1/8周,背向斜中央(脚尖~脚跟)。

动作要点:

① 第一步时女士给男士推动的力量,带动男士推转。
② 注意舞动过程中的升降动作。

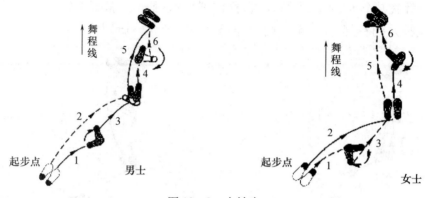

图 10-2 右转步

5. 拂步(扫步)

预备姿势:闭式位。

(1) 节奏1。

男:面向斜墙壁,左脚前进,有轻微的反身动作(脚跟~脚尖);

女:右脚后退一步,背向斜墙壁(脚尖~脚跟)。

(2) 节奏2。

男:右脚向侧稍向前一步,面向斜墙壁(脚尖);

女:左脚斜向后,在1~2步间右转1/4周,两脚指向斜中央(脚尖)。

(3) 节奏3。

男:在侧行位置,左脚交叉于右脚后,面向斜墙壁(脚尖~脚跟);

女:在侧行位置,右脚交叉于左脚后,面向斜中央,身体完成转动(脚尖~脚跟)。

动作要点:

① 女士第一步后退时,右脚掌的外缘着地。

② 第三步的侧行位置,男女士腹部不分开,女士头部慢慢转向右侧。

6. 侧行追步

预备姿势:开式位。

(1) 节奏1。

男:沿着舞程线面向斜墙壁,右脚前进,交叉于反身动作及侧行位置(脚跟~脚尖);

女:沿着舞程线面向斜中央,左脚前进,交叉于反身动作及侧行位置,身体开始左转(脚跟~脚尖)。

(2) 节奏2。

男:面向斜墙壁,左脚向侧稍前一步(脚尖);

女:背向斜墙壁,右脚向侧一步,身体左转1/8周(脚尖)。

(3) 节奏 &。

男:右脚并到左脚,面向斜墙壁(脚尖);

女:左脚并到右脚,背向斜墙壁,身体左转1/8周(脚尖)。

(4) 节奏3。

男:左脚向侧稍前一步,面向斜墙壁(脚尖~脚跟);

女:右脚向侧稍后一步,背向斜墙壁(脚尖~脚跟)。

动作要点:

① 并步时,脚步速度要快,两膝微屈。

② 反身动作位置,一侧脚向前,同侧身体反方向运动。

7. 踌躇拉步

预备姿势:闭式位。

(1) 节奏1。

男:面向斜墙壁,左脚前进,脚跟过渡到脚尖,身体开始向左转(脚跟~脚尖);

女:背向舞程线,右脚后退一步,脚尖过渡到脚跟,开始左传(脚尖~脚跟)。

(2) 节奏2。

男:右脚向侧一步,脚尖着地,在1~2步间左转1/4周,背向斜墙壁(脚尖);

女:左脚向侧一步,脚尖着地,在1~2步间左转1/4周(脚尖)。

(3) 节奏3。

男:左脚并到右脚,脚尖过渡到脚跟,在2~3步间左转1/8周(脚尖~脚跟);

女:右脚并到左脚,脚尖过渡到脚跟,在2~3步间左转1/8周,面向斜墙壁(脚尖~脚跟)。

动作要点:注意第三步,重心保持上升,结尾下降。

8. 迂回步

预备姿势:开式位。

(1) 节奏1。

男:右脚后退一步,交叉于反身动作位置与侧行位置中,左转1/8周(脚跟~脚尖);

女:在反身动作位置与侧行位置中,左脚前进,身体开始向左转(脚跟~脚尖)。

(2) 节奏2。

男:面向斜中央,左脚前进,身体继续左转(脚尖);

女:右脚向侧并稍后一步,背向斜中央,2~3步间左转1/4周(脚尖)。

(3) 节奏3。

男:右脚向侧稍后退一步,2~3步间左转1/4周,背向舞程线(脚尖~脚跟);

女:左脚向侧并稍前一步,2~3步间左传1/2周,两脚指向斜中央(脚尖~脚跟)。

(4) 节奏1。

男:左脚后退,3~4步间左转1/8周,背向斜中央(脚尖~脚跟);

女:右脚前进,脚跟过渡到脚尖(脚跟~脚尖)。

(5) 节奏 2。

男:右脚后退一步,身体继续左转(脚尖);

女:左脚前进,身体继续左转(脚尖)。

(6) 节奏 3。

男:左脚向侧稍前一步,5~6 步间左转 1/4 周,两脚指向斜墙壁(脚尖~脚跟);

女:右脚向侧并稍后退一步,5~6 步间左转 1/4 周(脚尖~脚跟)。

(三) 华尔兹的组合练习

左脚并换步(L. F. CLOSED CHANGE)—右转步(NATURAL)—右脚并换步(R. F. CLOSED CHANGE)—左转步(REVOSE TUEN)—拂步(WHISK)—侧行追步(CHASSEFROMP. P.)—迂回步(ROUNDABOUT)。

第二节 探 戈

探戈(Tango)起源于非洲中西部的民间舞蹈探戈诺舞,是现代舞中唯一一个带有拉丁特色的舞蹈。探戈是最早被英国皇家舞蹈教师协会肯定,并加以规范的四个标准舞之一,它独树一帜,斜行横进,步步为营,俗称"蟹行猫步",动作刚劲有力,欲进又退,欲退还前,动静快慢,错落有致,深沉豪放,以其独有的魅力征服舞坛,被誉为"舞中之王"。

(一) 探戈的音乐特点

舞曲沉稳扎实,刚劲锐利,音乐节拍为 2/4 拍,音乐速度为每分钟 30~34 小节。每小节二拍,第一拍为重拍。舞步有快步和慢步,快步(quick)占半拍,用 Q 表示;慢步(slow)占一拍,用 S 表示。基本节奏是慢、慢、快、快、慢(S、S、Q、Q、S),舞曲节奏带有停顿并强调切分音。

(二) 探戈的基本舞步

1. 常步(图 10-3)

预备姿势:闭式位。

(1) 节奏 S。

男:面向斜墙壁,反身动作位置中左脚向前,弧线前进(脚跟);

女:背向斜墙壁,反身动作位置中右脚向后,弧线后退(脚掌~脚跟)。

(2) 节奏 S。

男:右脚横移向前,身体左转 1/8 周(脚内缘);

女:右脚横移后退,身体左转 1/8 周(脚掌脚跟内侧)。

2. 直行侧步

预备姿势:闭式位。

(1) 节奏 Q。

男:面向斜墙壁,在反身动作位置中左脚前进,身体向左转(脚跟);

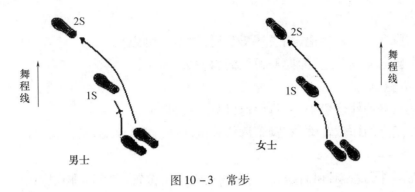

图 10-3 常步

女：背向斜墙壁，在反身动作位置中右脚后退，身体向左转（脚掌～脚跟）。

(2) 节奏 Q。

男：右脚向侧且稍后退一步，面向斜墙壁（脚内缘）；

女：左脚向侧切稍前一步，背向斜墙壁（脚掌～脚跟内缘）。

(3) 节奏 S。

男：在反身动作位置中左脚前进，面向斜中央（脚跟）；

女：在反身动作位置中右脚后退，背向斜中央（脚掌～脚跟）。

3. 并式滑行步

预备姿势：开式位。

(1) 节奏 S。

男：在侧行位置中左脚向侧，两脚指向斜墙壁（脚跟）；

女：在侧行位置中右脚向侧，两脚指向斜中央（脚跟）。

(2) 节奏 Q。

男：右脚前进并交叉于反身动作位置与侧行位置中，两脚指向斜墙壁（脚跟）；

女：左脚向前并交叉于反身动作位置与侧行位置中，2～3 步间左转 1/4 周（脚跟）。

(3) 节奏 Q。

男：左脚向侧并稍前进一步，两脚指向斜墙壁（脚的内缘）；

女：右脚向侧并稍后退，背向斜墙壁（脚掌～脚跟内缘）。

(4) 节奏 S。

男：右脚并到左脚并稍后退，面向斜墙壁（整个脚）；

女：左脚并到右脚并稍前进，背向斜墙壁（整个脚）。

4. 四快步（图 10-4）

预备姿势：闭式位。

(1) 节奏 Q。

男：面向斜墙壁，在反身动作位置中，左脚前进（脚跟）；

女：背向斜墙壁，在反身动作位置中，右脚后退（脚掌～脚跟）。

（2）节奏 Q。

男：右脚向侧并稍后退，稍左转 1/8 周（脚掌～脚跟）；

女：右脚向侧稍前进，面向舞程线的斜中央（全脚）。

（3）节奏 Q。

男：在反身动作位置中，左脚后退（脚掌～脚跟）；

女：在反身动作位置中，右脚于舞伴外侧前进（脚掌～脚跟）。

（4）节奏 Q。

男：右脚并到左脚，稍后退，结束在面向斜墙壁位置（脚掌～脚跟）；

女：左脚并到右脚，稍后退，3～4 步间右转 1/4 周，结束在面向斜中央（脚掌～脚跟）。

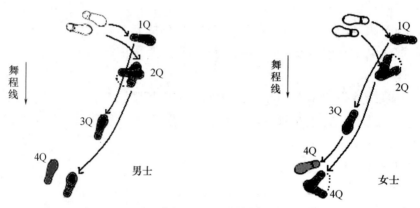

图 10-4　四快步

5. 直行连步

预备姿势：闭式位。

（1）节奏 Q。

男：面向斜墙壁，在反身动作位置中，左脚前进（脚跟）；

女：背向斜墙壁，在反身动作位置中，右脚向侧稍向后，右转 1/4 周（脚掌～脚跟）。

（2）节奏 Q。

男：在并进位置中，右脚向侧稍向后，身体稍右转（脚掌～脚跟内侧）；

女：在并进位置中，左脚向侧稍向后（脚掌～脚跟内侧）。

6. 后退左转步（图 10-5）

预备姿势：闭式位。

（1）节奏 S。

男：左脚后退，左肩向后（脚掌内缘）；

女：右脚前进，右肩向前（脚跟）。

（2）节奏 Q。

男：在反身动作位置中，右脚后退，身体开始向左转（脚掌～脚跟）；

女:在反身动作位置中,左脚前进,身体开始向左转(脚跟)。

(3) 节奏 Q。

男:左脚向侧稍前一步,在 2～3 步间左转 1/4 周(脚掌内缘);

女:右脚向侧稍后一步,在 2～3 步间左转 1/4 周(脚掌内缘)。

(4) 节奏 S。

男:右脚向左脚并步(全脚);

女:左脚向右脚并步(全脚)。

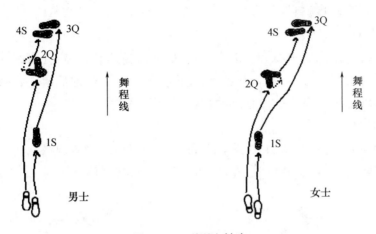

图 10-5　后退左转步

7. 基本左转步

预备姿势:闭式位。

(1) 节奏 Q。

男:面向斜墙壁,在反身动作位置中,左脚前进(脚跟);

女:背向斜墙壁,在反身动作位置中,右脚后退(脚掌～脚跟)。

(2) 节奏 Q。

男:右脚向侧并稍后退,左转 1/4 周,面向斜中央(脚掌～脚跟);

女:背向斜中央,左脚向侧并稍前进(整个脚)。

(3) 节奏 Q。

男:左脚交叉于右脚之前,左转 1/4 周,面向中线(脚掌～脚跟);

女:右脚交叉于左脚之后并稍后退,面向斜墙壁,有反身动作(整个脚)。

(4) 节奏 Q。

男:顺着舞程线,右脚后退,有反身动作(脚掌～脚跟)。

女:左脚前进,左转 3/4 周,背向舞程线,有反身动作(脚跟)。

(5) 节奏 Q。

男:左脚向侧稍前进,继续左转 1/4 周(脚内缘);

女:右脚向侧稍后退,面向斜中央(脚掌～脚跟内缘)。

(6) 节奏 Q。

男:右脚并到左脚并稍后退,结束在背向斜中央位置(整个脚);

女:左脚并到右脚并稍前进,面向斜中央(整个脚)。

8. 并进连接步(图 10-6)

预备姿势:开式位。

(1) 节奏 S。

男:左脚向侧一步(脚跟);

女:右脚向侧一步(脚跟)。

(2) 节奏 Q。

男:在反身动作位置中右脚并进步,右脚落地后身体开始左转(脚跟~脚掌);

女:在反身动作位置中,左脚并进步,左脚在男伴右脚落地后落地,落地位置比男伴右脚远些,落地后以左脚掌为轴迅速左转(脚跟~脚掌)。

(3) 节奏 Q。

男:左脚向侧一步,左膝内收,左转 1/8 周,头稍左转(脚掌内缘);

女:右脚向侧一步,右膝内收,左转 1/8 周,头稍左转(脚掌内缘)。

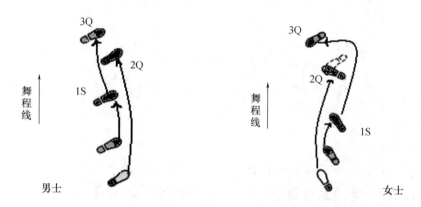

图 10-6 并进连接步

(三) 探戈的组合练习

准备姿势:闭式位

常步(WALK)—直行侧步(PROGRESSIVE SIDE STEP)—常步(WALK)—基本左转步(BASIC REVERSE TURN)—常步(WALK)—并式滑行步(FALLAWAY PROMENADE)—常步(WALK)—四快步(FOUR STEP)

第三节 狐 步

狐步(Foxtrot)也称福克斯,起源于美国黑人舞蹈,由美国演员哈利·福克斯创造,20 世纪初流行于全球。狐步舞舒展流畅、舞步平稳、轻盈飘逸、悠闲自在、从容恬适,突出显示了现代舞的特性。

(一)狐步的音乐特点

舞曲抒情流畅,行云流水。音乐节拍为 4/4 拍,速度为每分钟 29~30 小节,每小节为四拍,第一拍为重拍,第三拍为次重拍。节奏为慢(Slow)慢(Slow)快(Quick)快(Quick)即"SSQQ"。

(二)狐步的基本舞步

1. 羽毛步(图 10-7)

预备姿势:闭式位。

(1) 节奏 S。

男:面向斜中央,右脚前进,有反身动作(脚跟~脚尖);

女:背向斜中央,左脚后退,有反身动作(脚尖~脚跟)。

(2) 节奏 Q。

男:左脚向前,左肩引导准备到舞伴外侧,面向斜中央(脚尖);

女:右脚后退,右肩引导,背向斜中央(脚尖~脚跟)。

(3) 节奏 Q。

男:在反身动作位置中,右脚前进,面向斜中央(脚尖~脚跟);

女:在反身动作位置中,左脚后退,背向斜中央(脚尖~脚跟)。

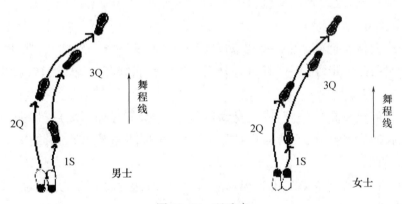

图 10-7 羽毛步

2. 三步

预备姿势:闭式位。

(1) 节奏 S。

男:面向斜墙壁,左脚前进,有反身动作(脚跟);

女:背向斜墙壁,右脚后退,有反身动作(脚尖~脚跟)。

(2) 节奏 Q。

男:面向斜墙壁,右脚前进,结尾上升(脚跟~脚尖);

女:背向斜墙壁,左脚向后(脚尖~脚跟)。

(3) 节奏 Q。

男:面向斜墙壁,左脚前进(脚尖~脚跟);

女:北向斜墙壁,右脚后退(脚尖~脚跟)。

动作要点:注意体会过程中男女倾斜动作的协调配合。

3. 左转步

预备姿势:闭式位。

(1) 节奏 S。

男:面向斜中央,左脚前进,身体开始向左转,有反身动作(脚跟~脚尖);

女:背向斜中央,左脚向后,身体开始向左转,有反身动作(脚尖~脚跟)。

(2) 节奏 Q。

男:右脚向侧一步,在 1~2 步间左转 1/4 周,背向斜墙壁(脚尖);

女:左脚并到右脚,在 1~2 步间左转 3/8 周,面向舞程线(脚尖~脚跟)。

(3) 节奏 Q。

男:左脚后退,在 2~3 步间左转 1/8 周,背向舞程线(脚尖~脚跟);

女:右脚前进,面向舞程线(脚尖~脚跟)。

(4) 节奏 S。

男:右脚后退,背向舞程线,继续转向左(脚尖~脚跟~脚尖);

女:左脚前进,继续转向左(脚跟~脚尖)。

(5) 节奏 Q。

男:左脚向侧稍向前,在 4~5 步间左转 3/8 周,两脚指向斜墙壁(脚尖);

女:右脚向侧一步,在 4~5 步间左转 1/4 周,背向斜墙壁,身体稍转(脚尖~脚跟)。

(6) 节奏 Q。

男:左脚前进到舞伴外侧,成反身动作位置,结束于面向斜墙壁(脚跟~脚尖);

女:左脚向后,身体成反身动作位置,在 5~6 步间左转 1/8 周,结束于背向斜墙壁(脚尖~脚跟)。

动作要点:注意女士第二步有跟转动作,—两脚跟为轴转动,并脚时快速换重心。

4. 右转步

预备姿势:闭式位。

动作方法与左转步相同,方向相反。

5. 侧行右曲折步(图 10-8)

预备姿势:闭式位。

(1) 节奏 S。

男:面向斜墙壁,沿着舞程线右脚前进,并交叉于反身动作位置中,开始向右转,有反身动作(脚跟~脚尖);

女:面向斜中央,沿着舞程线左脚前进并交叉于反身动作位置与侧行位置中(脚跟~脚尖)。

(2) 节奏 Q。

男:背向中央,左脚向侧一步,在 1~2 步间右转 1/8 周(脚尖);

女:面向斜中央,右脚斜前进,准备迈向舞伴左外侧(脚尖)。

(3) 节奏 Q。

男:背向中央,在反身动作位置中,右脚后退,开始左转,有反身动作(脚尖~脚跟);

女:面向斜中央,在反身动作位置舞伴外侧中,左脚前进到舞伴左侧,开始左转,有反身动作(脚尖)。

(4) 节奏 Q。

男:左脚向侧稍向前,在 3~4 步间左转 1/8 周,两脚指向斜墙壁(脚尖~脚跟);

女:背向舞程线,右脚向侧一步,在 3~4 步间左转 1/8 周(脚尖~脚跟)。

(5) 节奏 Q。

男:在反身动作位置舞伴外侧中,右脚前进,面向斜墙壁(脚尖~脚跟);

女:背向舞程线,在反身动作位置中,左脚后退,在 4~5 步间左转 1/8 周(脚尖~脚跟)。

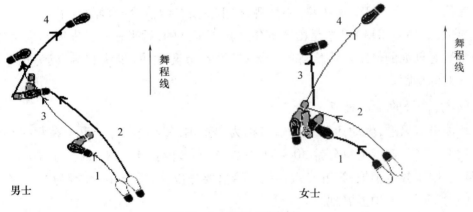

图 10-8 侧行右曲折步

动作要点:男女脚位的练习。

6. 换向步

预备姿势:闭式位。

(1) 节奏 S。

男:面向斜墙壁,左脚前进,有反身动作(脚跟);

女:背向斜墙壁,右脚向后,右反身动作(脚尖~脚跟)。

(2) 节奏 S。

男:右脚斜向前,右肩引导,左脚并到右脚,在 1~2 步间左转 1/4 周(脚尖~脚跟);

女:左脚斜向后,左肩引导,右脚并到左脚稍向后,在 1~2 步间左转 1/4 周(脚尖~脚跟)。

（3）节奏 S。

男：左脚前进成反身动作位置（脚跟）；

女：右脚向后成反身动作位置（脚尖）。

（三）狐步的组合练习

羽毛步（FEATHER STEP）—左转步（NATURAL TURN）—三步（THREE STEP）—右转步（NATURAL TURN）—羽毛步（FEATHER STEP）—侧行右曲折步（NATURAL ZIG - ZIG FROM PP）

注意：经常参加体育舞蹈活动对培养优美的姿态，匀称和谐的形体是十分有益的。比如拉丁舞中的伦巴，在舞步运行中髋部有节律地扭摆使髋部关节得以充分的活动，增加关节的灵活性，起到健臀的效果。

第四节　拉丁舞——恰恰

拉丁舞起源于非洲和拉丁美洲，舞蹈动作豪放粗犷，速度多变，充满浪漫和激情，主要有伦巴、恰恰、桑巴、斗牛舞、牛仔舞，这里主要介绍恰恰的舞蹈技术。

恰恰（CHA - CHA）最早是由非洲传入拉丁美洲的，后来在古巴发展起来，它是模仿企鹅姿态创编的舞蹈。恰恰舞由于名称动听、节奏欢快、步法利落，成为拉丁舞中最受欢迎的舞蹈。

（一）恰恰的音乐特点

舞曲幽默风趣，生动活泼。音乐节拍为 4/4 拍，每小节四拍，重拍在每一小节的第一拍上。音乐速度为每分钟 30～32 小节，每小节四拍走五步，前两步是一步占一拍，第三、四步各占半拍，第五步占一拍。恰恰要先出胯，后出步，节奏为"2、3、4&1"，舞步的力度要在重拍上展现。

（二）恰恰的基本舞步

恰恰的步形有：基本动作、手接手、扇形步、纽约步、阿列曼娜、曲棍步、原地左转步、原地右转步、右陀螺转步、开式扭胯转步、闭式扭胯转步、时间步、肩对肩、点转步、古巴断步、交叉基本步、土耳其毛巾步等，以下介绍其中一些主要的步形。

1. 基本动作（图 10 - 9）

预备姿势：闭式位。

（1）节奏 2。

男：左脚前进，移重心并准备左转；

女：右脚后退，身体上展。

（2）节奏 3。

男：重心移回右脚；

女：重心移回左脚。

(3) 节奏4。

男:左脚横步,手臂与腿部动作一致;

女:右脚横步。

(4) 节奏&。

男:右脚向左脚并步,双膝微屈踮脚跟;

女:左脚向右脚并步,双膝微屈踮脚跟。

(5) 节奏1。

男:左脚横步;

女:右脚横步。

(6) 节奏2。

男:右脚后退;

女:左脚前进。

(7) 节奏3。

男:左脚踏步;

女:右脚踏步。

(8) 节奏4。

男:右脚横步;

女:左脚横步。

(9) 节奏&。

男:左脚向右并步,双膝微屈踮脚跟;

女:右脚向左并步,双膝微屈踮脚跟。

(10) 节奏1。

男:右脚横步;

女:左脚横步。

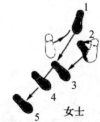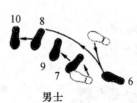

图10-9 基本动作

2. 手接手(图10-10)

预备姿势:分式位(男左女右相拉)。

(1) 节奏2。

男:左脚后退,同时左转1/4周,左手向侧打开;

女:右脚后退,同时右转 1/4 周,右手向侧打开。

(2) 节奏 3。

男:右脚踏步,后半拍时准备右转;

女:左脚踏步,后半拍时准备左转。

(3) 节奏 4。

男:左脚踏步,右转 1/4 周,左手与女伴右手相拉;

女:右脚横步,左转 1/4 周,右手与男伴左手相拉。

(4) 节奏 &。

男:右脚向左脚并步;

女:左脚向右脚并步。

(5) 节奏 1。

男:左脚横步;

女:右脚横步。

(6) 节奏 2。

男:右脚后退,右转 1/4 周,左手与女伴相拉;

女:左脚后退,左转 1/4 周,右手与男伴相拉。

(7) 节奏 3。

男:左脚原地踏一步;

女:右脚原地踏一步。

(8) 节奏 4。

男:右脚横步,左转 1/4 周;

女:左脚横步,右转 1/4 周。

(9) 节奏 &。

男:左脚并到右脚;

女:右脚并到左脚。

(10) 节奏 1。

男:右脚横步,左脚后退;

女:左脚踏步,右脚后退。

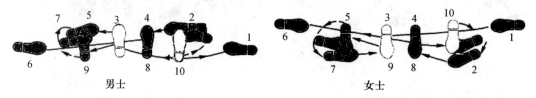

图 10-10　手接手

3. 扇形步(图 10-11)

预备姿势:闭式位。

(1) 节奏 2。

男：左脚后退，右转 1/8 周；

女：右脚前进。

(2) 节奏 3。

男：右脚踏步，身体右转 1/4 周；

女：左脚横步。

(3) 节奏 4。

男：左脚横步；

女：右脚后退。

(4) 节奏 &。

男：右脚并到左脚，手臂经胸前展开；

女：左脚并到右脚。

(5) 节奏 1。

男：左脚横步，打开成扇形；

女：右脚横步。

(6) 节奏 2。

男：右脚后退，左转 1/8 周；

女：左脚前进。

(7) 节奏 3。

男：左脚踏步，身体左转 1/4 周；

女：右脚横步，左转。

(8) 节奏 4。

男：右脚横步；

女：左脚后退。

(9) 节奏 &。

男：左脚并到右脚，手臂经胸前外展；

女：右脚并到左脚。

(10) 节奏 1。

男：右脚横步，打开成扇形步；

女：左脚横步。

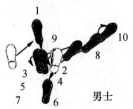
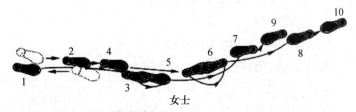

图 10-11 扇形步

4. 纽约步(图 10 – 12)

预备姿势:分式位。

(1) 节奏 2。

男:左脚前进,右转 1/4 周,左肩并肩位;

女:右脚前进,左转 1/4 周,右肩并肩位。

(2) 节奏 3。

男:右脚踏步;

女:左脚踏步。

(3) 节奏 4。

男:左脚横步,左转 1/4 周;

女:右脚横步,右转 1/4 周。

(4) 节奏 &。

男:右脚并到左脚;

女:左脚并到右脚。

(5) 节奏 1。

男:左脚横步;

女:右脚横步。

(6) 节奏 2。

男:右脚前进,左转 1/4 周;

女:左脚前进,右转 1/4 周。

(7) 节奏 3。

男:左脚踏步;

女:右脚踏步。

(8) 节奏 4。

男:右脚横步,右转 1/4 周;

女:左脚横步,左转 1/4 周。

(9) 节奏 &。

男:左脚并到右脚;

女:右脚并到左脚。

(10) 节奏 1。

男:右脚横步,步幅要尽可能小;

女:左脚横步。

5. 右陀螺转步(图 10 – 13)

预备姿势:闭式位。

(1) 节奏 2。

男:右脚踏在左脚后,脚尖向外,左脚掌向右转;

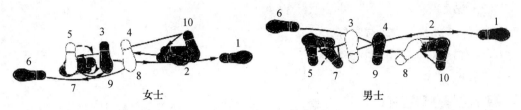

图 10-12 纽约步

女:左脚横步向右转。

(2) 节奏 3。

男:左脚横步,继续右转;

女:右脚在左脚前交叉,继续右转。

(3) 节奏 4。

男:左脚横步,继续右转;

女:右脚在左脚前交叉,继续右转。

(4) 节奏 &。

男:左脚横步,继续右转;

女:右脚在左脚前交叉,继续右转。

(5) 节奏 1。

男:右脚横步,右转一周完毕;

女:右脚在左脚前交叉,右转一周完毕。

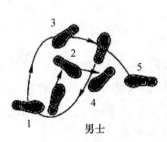

图 10-13 右陀螺转步

6. 点转步(图 10-14)

预备姿势:闭式位。

(1) 节奏 2。

男:右脚进左脚前交叉,脚跟离地,以双脚掌为轴左转;

女:左脚进右脚前交叉,脚跟离地,以双脚掌为轴右转。

(2) 节奏 3。

男:继续左转;

女:继续右转。

（3）节奏4。

男：左转一周完成，右脚横步；

女：右转一周完成，左脚横步。

（4）节奏&。

男：左脚并到右脚；

女：右脚并到左脚。

（5）节奏1。

男：右脚横步；

女：左脚横步。

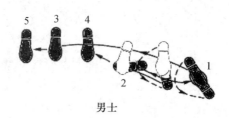
男士

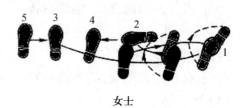
女士

图 10－14　点转步

（三）恰恰舞的组合练习

基本动作（BASIC MOVERMENT）—扇形步（FAN）—纽约步（NEW YORK）—右陀螺转步（NATURAL TOP）—手接手（HAND TO HAND）

小贴示

舞向奥运的 IDSF

IDSF（前身为 ICAD）成立于 1957 年，它负责组织国际性的体育舞蹈竞赛以及对一些体育舞蹈竞赛的特许和承认。它的成员是所在国官方唯一承认的国家性的体育舞蹈组织或多个国家性体育团体的联合体，各个团体的成员派代表参加 IDSF 的会员大会，在国际体育准则的基础上处理体育舞蹈的相关事务。

今天，IDSF 的成员已经有 84 个，遍布五大洲。其中有 59 个成员已经得到所在国奥林匹克委员会的承认。作为 IDSF 会员中唯一的洲级联合会，亚洲体育舞蹈联合会已经得到亚洲奥林匹克理事会的临时承认，继体育舞蹈作为表演项目出现在 1998 年曼谷亚运会之后，体育舞蹈成为 2010 年广州亚运会的正式比赛项目。

1997 年，IDSF 得到了国际奥林匹克委员会的完全承认，并成为国际单项体育联合会总会（GAISF）、国际世界运动会协会（IWGA）和国际奥委会承认的体育联合组织协会的成员。获得国际奥委会承认的 IDSF，仍在努力促使体育舞蹈成为奥运会当中的金牌项目。

【学习小结】

　　体育舞蹈融音、体、美为一体,不像体育运动那般激烈,也不像舞蹈那般柔和,既能体现出舞蹈的手、眼、心、意的统一,又能体现出体育的力度、速度和幅度,所综合表现出来的是将力量、速度、协调、灵敏等身体素质融为一体的对称、和谐、统一、整齐的健康美。体育舞蹈的高雅个性、协同合作、提高凝聚力、内隐性制度规范和良好的沟通特性,符合空中乘务专业学生对生理和心理的要求,能够提高练习者的团队协作能力,培养团队精神。

【自我检测】

1. 体育舞蹈的起源是什么?
2. 体育舞蹈是美丽的肢体语言,你喜欢哪一种,为什么?
3. 华尔兹、探戈、狐步和恰恰的音乐特点是什么,有什么区别?
4. 华尔兹、探戈、狐步和恰恰的基本舞步有哪些?

模块四 答 疑

学习单元十一
形体训练答疑

第一节 关于体重

1. 体重过轻者会不会越练越瘦

人体的过胖与过瘦主要是由于人体内分泌系统、消化吸收系统紊乱引起的,通过运动可以对身体进行全方位的调整。人体植物神经系统控制调节内分泌系统,内分泌系统又影响消化吸收的功能。在运动的过程中可以有效调节人体的植物神经系统,其机能的正常也就会使消化吸收功能正常,从而胖的人可以瘦下来,瘦的人也可以拥有一个健康的身体,内分泌正常了,身体自然会达到一个健康的状态。

2. 如何避免女生出现明显的肌肉块

剧烈运动后与身体的拉伸结合起来,不仅不会练出"肌肉块",还会让身体变得更柔韧,皮肤更有弹性。

第二节 常见问题

1. 如何避免男生出现"阴柔"气质

男生学习舞蹈并不会像人们担心的那样变得"女性化"。和女生一样,男生在儿童时代练习舞蹈对自身气质的培养有极大的好处。进入社会后男生压力大会更需要锻炼,形体训练可以帮助他们有效缓解压力,拥有健康的身心。

2. 减肥药该不该吃?

药物对人体的伤害是很大的,最好的形体塑造方法是合理的运动方式与调整饮食结构的减肥方法,这样既不伤身体,又能持久地坚持下去,还不至于担心脂肪的反弹。

3. 怎样制定减肥计划？

（1）设定减肥目标。减肥计划的制定是减肥成功的关键，标准体重是理想目标，但要考虑每个人的个体特点、体型、体格、肥胖程度上的不同，肥胖程度的判定可以用BMI身体质量指数来测定，因此不一定要达到标准体重，而是找到最适合自己的具体体重目标，作为减肥的努力方向，同时要有近期减肥目标，如1个月内减3~5千克。

（2）选择减肥方法。长期坚持减重计划，根据自己的体质选择科学的方式，速度不宜过快，不可急于求成。进食应有规律，不暴饮暴食，也不要漏餐，增加运动与控制膳食。

（3）监督计划。监督计划关系减肥计划的成功与否，其中监督可进行自我监督、他人监督等，能更好地促进完成减肥计划。

4. 男生可以练习瑜伽吗？

身心合一是瑜伽的精髓，无论男女都适宜，并不是专属女性。如果被瑜伽动作表面的柔性所迷惑，对很多男性而言无疑是一种损失。男性从瑜伽中获得的好处：

（1）身体韧性增加，体力变好。由于瑜伽动作比较舒缓，节奏较慢，对柔韧性要求相对较高。同时，瑜伽更强调的是呼吸的方法和让身体进入平静状态。一般来说，男性的柔韧度没有女性好，所以在开始入门时不是很快，可是随着练习的深入就会发现，由于身体韧性增加，男性从瑜伽中获得的好处可能更多，他们的体力会变得更好，心态会更平和。

（2）比女性更能体会瑜伽修身养性的真谛。瑜伽在雕塑外在形象的同时，还给人一种来自内心的力量。经过一段时间由内而外、由外而内的锻炼后，人们会惊奇地发现，在体重减轻的同时，心态也已经迥然不同。女性练瑜伽多半是为了寻求更完美的身材，在做动作时也会对姿态的优美很在意，而男性对动作的美感不是非常注重，反而更能体会瑜伽修身养性的真谛。虽说瑜伽在初级阶段时的柔韧性很重要，可是越练到难度大的动作，对力量的要求越高，很多动作对女性而言几乎是不可能完成的，而男性却能轻松完成。

5. 如何收腹？

收腹的前提是在正确的体态下完成的。收腹的方法：吸气时，肚皮涨起；呼气时，肚皮缩紧。保持缩紧的状态仍然进行正常的呼吸，完成形体练习。一方面有助于刺激肠胃蠕动、促进体内的废物排出，另一方面也能使气流顺畅，增加肺活量。

6. 减肥等同于节食吗？

科学减脂需要在了解减脂者自身身体特点之后，确定适宜的"理想体重"目标和减脂方案，并坚持到底。减脂期间要通过合理的营养补充来保持良好的体能，保证运动质量。减脂期间，想要保证减脂者既能正常运动，又能完成减脂效果，必须坚持进食低热量食物而又满足体内多种营养素需要的原则，即供给的食物要高蛋白、适量糖、低脂肪、维生素和微量元素丰富。具体做法是适当减少主食，多用蔬菜、水果，以服用多种维生素作为强化补充；定量食用含蛋白质丰富的鱼、虾、瘦肉、鸡蛋、牛奶等，烹饪要保证低油，运动后额外补充乳清蛋白。要使减脂者形成控制体重的良好习惯，须养成不偏食,不吃零食的习惯,运动前服用左旋肉碱促进脂肪供能,运动中补充运动饮料维持体能,夜间饥饿时选择蔬菜、水果或者芊体棒等。

7. 在健身运动中,哪一种锻炼能使大腿增粗？哪一种锻炼能使大腿变细？

以克服外加阻力为主的短时间、大强度的训练,如举重等,能够使大腿增粗。肌肉长期在负重情况下会产生适应性变化,表现为肌纤维增粗,肌肉的生理横断面加大,肌肉体积加大,肌肉收缩时产生更大的力量,以克服外加的阻力。

形体训练、慢跑、骑车等长时间、低强度的有氧健身运动能够使大腿变细。同样,肌肉在长时间、低强度的有氧运动中产生适应性变化,变现为肌细胞内的线粒体数量和体积增加,但肌肉的体积却下降,肌纤维变细,有利于能量供应。

8. 什么是有效的、健康的减肥方法？

可以参考以下几种方法：

（1）每天吃早饭。每天吃早饭的人不容易有饥饿感,所以反而不会在中午暴饮暴食。

（2）控制好吃饭的时间。同样为了避免由于饥饿而饮食过量,要按时吃饭。

（3）保证摄入身体所需的营养。保证每餐能吃到粮食、豆制品、蔬菜。

（4）每隔两小时喝一杯水。不要在渴了的时候才喝水,水能降低食欲,也能避免睡前进食。

（5）吃饭要细嚼慢咽。为了防止吃得过多,要小口进食。

（6）吃低热食品。用水果、土豆代替糖果、炸薯片,降低热量的摄入。

（7）管住嘴巴。不要在吃饭以外的时间随意把食物放进嘴里。

（8）多吃豆制品。豆制品营养丰富而且抗饥饿。

（9）适量运动。每天运动时间最少35分钟。

参考文献

[1] 马启伟. 体育心理学[M]. 浙江教育出版社. 版社,1998.
[2] 方涛,金秀美. 高职院校礼仪教学的探讨[J]. 当代职业教育,2010(8).
[3] 金正昆. 社交礼仪教程·后记[M]. 北京:中国人民大学出版社.
[4] 吴玮. 形体训练. 高等教育出版社[M]. 北京:1999.
[5] 赵文红. 对高校开设女子健身训练课之研究[J]. 辽宁体育科技,2002(2).
[6] 艾杨格. 瑜珈之光. 北京:当代中国出版社,2011.
[7] 金正昆. 服务礼仪教程. 北京:中国人民大学出版社,1999.
[8] 张红霞. 高校学生主流健身项目精选. 人民体育出版社,2010.

論文要旨